O. 1659.
E.

LA CHINE

EN

MINIATURE.

DE L'IMPRIMERIE DE DEMONVILLE.

T. 2.

Frontispice.

LA CHINE EN MINIATURE,

ou CHOIX de

COSTUMES, ARTS ET MÉTIERS DE CET EMPIRE;

Représentés par 74 Gravures, la plupart d'après les originaux inédits du Cabinet de feu M. BERTIN, Ministre; accompagnés de Notices explicatives, historiques et littéraires;

PAR M. BRETON,

Auteur de la Bibliothèque Géographique, etc.

TOME SECOND.

PARIS,

NEPVEU, Libraire, passage des Panoramas, N°. 26.

1811.

LA CHINE

EN

MINIATURE.

Planche XIX.

Un Libraire colporteur.

Il y a à la Chine des Libraires établis en boutique, et tenant des magasins comme nos Libraires d'Europe : celui-ci est un étalagiste, un colporteur ; il ne vend point d'ouvrages sérieux à l'usage des Savans, mais des romans ou des recueils de chansons, composés pour les gens du peuple.

Les romans chinois sont en gé-

1*

néral instructifs et amusans, et leurs
vaudevilles roulent principalement
sur les règles de la politesse, les devoirs de la vie civile, et les maximes
de la morale.

Les livres que vendent les étala-
gistes sont ordinairement couverts
d'une espèce de carton très-propre
et de couleur grise ou jaune. Ceux
qu'on trouve dans les magasins ont
des reliures plus magnifiques ; elles
sont de satin fin ou de soie à rama-
ges et à fleurs. Quelques-uns sont
reliés en brocard rouge, entremêlé
de fleurs d'or et d'argent, avec leur
titre en lettres d'or sur la couverture.
Il est remarquable que l'étiquette
n'est pas sur le dos, mais sur le plat-
droit du livre. Chaque pays a ses

usages. En Espagne, les livres de la Bibliothèque de l'Escurial sont étiquetés sur la tranche, parce que le premier possesseur de la Bibliothèque (1), qui en fit don par la suite au Gouvernement, avoit la vue mauvaise, et qu'il lui étoit plus facile de lire les titres en gros caractères sur la tranche qu'en petits caractères sur le dos. De là résulte que les livres sont placés à rebours et la tranche en dehors (2).

A la Chine, les ouvrages de luxe sont quelquefois enrichis de dessins

---

(1) Arias Montanus, savant Espagnol du 16e siècle.

(2) Voyez le tableau de l'Espagne par M. Bourgoing, tome Ier, page 240.

d'un très-bon goût , et remarquables surtout par la fraîcheur et l'éclat de l'enluminure. Il est singulier que les Chinois , qui possèdent depuis si long-temps l'impression en lettres, ne sachent point imprimer en taille-douce : cela vient sans doute de ce qu'ils ne savent tailler que le bois; et que le cuivre et d'autres métaux seroient en quelque sorte rebelles à leur burin.

Le papier sur lequel on imprime étant très-fin , comme on l'expliquera dans les articles suivans, il ne peut supporter l'impression que d'un côté. Pour coudre les feuilles et en faire un livre on les plie en deux, de manière que le pli soit en dehors, et les deux extrémités ouvertes du côté du dos où elles sont cousues. Ainsi, les livres chinois se rognent du côté du dos, au lieu que les nôtres sont rognés sur la tranche. L'extrémité de ces bords est réunie avec du cordonnet de soie, ou simplement avec du papier tortillé, tiré d'un feuillet blanc, et roulé entre les doigts à peu près comme les *tranches-fils* des relieurs d'Europe.

Quand un ouvrage forme plusieurs volumes, chaque tome ou plutôt chaque cahier est couvert d'une feuille de papier de couleur. Ces volumes sont renfermés ensemble dans des cartons appelés *Taó*.

La manière de relier les livres en Chine a donné lieu à la Fable suivante :

« Un nommé Pung vécut jusqu'à
» l'âge de 800 ans. Il épousa succes-
» sivement soixante-douze femmes,
» à mesure que chacune mouroit. La
» soixante - douzième étant morte à
» son tour, passa dans l'autre monde,
» et s'informa auprès des ancêtres de
» Pung quelle pouvoit être la raison
» qui faisoit vivre son mari tant de
» siècles. Est-ce que son nom, ajou-
» ta-t-elle, n'a pas été écrit sur les
» registres de Yen-Vang (le Dieu de
» la mort)? Mais il n'y en a aucun
» qui lui échappe. Je vous appren-
» drai ce mystère, répondit le grand
» père de Pung : le nom et le surnom
» de mon petit-fils, votre mari, sont
» véritablement sur le livre, mais
» voici de quelle manière. Quand il

» fallut arrêter les feuillets du livre,
» l'officier qu'on avoit chargé de ce
» soin prit par mégarde le feuillet où
» la destinée de Pung étoit écrite : il
» le tordit en forme de cordonnet,
» et le livre en fut percé et cousu. La
» femme ne put garder le secret ; Yen-
» Vang fut informé de cette histoire.
» Ayant pris son livre et examiné le
» cordonnet, il biffa le nom de Pung
» qui finit sa vie au même instant ».

Si on excepte l'Europe, il n'y a pas de nation qui ait publié tant de livres que la nation chinoise; elle en fournit sur toutes sortes de sujets, l'Agriculture, l'Art militaire, les Arts libéraux et mécaniques, les Histoires particulières, la Philosophie, l'Astronomie, etc.

Les Chinois ont des tragédies, des comédies, des romans, dont plusieurs approchent de nos vieux romans de Chevalerie, et des discours éloquens sur une multitude de sujets. Les Savans ont beaucoup de facilité et de goût pour la composition. Les Bonzes ont aussi leurs livres de piété, et des légendes qu'ils répandent avec soin pour abuser de la crédulité des peuples, et pour augmenter leurs revenus.

Les dynasties des Tcheou, des Han, des Tang, des Song et des Ming offrent les époques les plus glorieuses de la Littérature chinoise.

Sous la dynastie des Léang, on comptoit 370,000 volumes dans la Bibliothèque impériale.

Les Chinois ont leur Pline, leur Linné, leur Lacépède, leur Jussieu et leur Buffon; ils possèdent un herbier immense en deux cent soixante volumes, où nos Savans feroient sans doute une ample récolte d'observations et de découvertes nouvelles.

Rien n'est plus révéré des Chinois que les cinq livres qu'ils appellent Ou-King, et qui sont pour eux des livres sacrés.

Parmi les Auteurs qui ont commenté ces anciens originaux, Confucius s'est rendu le plus célèbre; aussi les Chinois le regardent-ils comme le premier de leurs sages, comme leur docteur, leur législateur, l'oracle des Empereurs et des Rois. Ils s'appliquent continuellement à l'étude des principes et des maximes que ce Philosophe a laissés, et qu'on a recueillis en douze livres, que les Chinois regardent comme la source et la règle du parfait Gouvernement.

Ces monumens précieux de l'antiquité chinoise furent sur le point d'être anéantis en un instant par les ordres d'un Empereur nommé Chi-Hoang-Ti. Ce fut environ 300 ans après la mort de Confucius, et 200 ans avant la naissance du Christ, que ce Prince, célèbre par sa valeur et encore plus par la grande muraille qu'il avoit fait construire pour garantir ses États de l'irruption des Tartares, prit la résolution d'éteindre les Sciences, et de ne permettre dans tout l'Empire qu'un certain nombre de livres qu'il jugeoit

nécessaires ; tels sont ceux qui traitent de l'Agriculture, de la Médecine, etc. Tous les autres, il ordonna,
sous peine de la vie, de les brûler,
et il porta l'inhumanité jusqu'à faire
périr plusieurs Docteurs.

Sa vanité n'étoit pas assez contente
de la comparaison que l'on faisoit de
lui avec ses prédécesseurs ; il prétendoit avoir effacé toute leur gloire ; et
afin que la postérité ne parlât que de
lui seul, il s'efforça d'anéantir leur
mémoire.

Comme c'est surtout dans les Ou-
King et les livres de Confucius que
sont rapportées les vertus et les actions
de ces illustres Empereurs, Chi-Hoang-
Ti voulut les empêcher de parvenir
à la postérité : il ne manqua pas de

prétextes pour justifier des ordres aussi étranges. Ces livres, disoit-il, étoient utiles lorsque l'Empire se trouvoit partagé en plusieurs Souverainetés, afin qu'on pût gouverner les Peuples selon les mêmes Lois; mais maintenant, toutes les parties de l'Empire étant réunies sous un seul Souverain, c'est le même esprit qui gouverne, qui anime tout.

Il ajoutoit que l'étude de ces Sciences ne servoit qu'à fomenter l'oisiveté et la fainéantise, tandis qu'on néglige l'Agriculture, qui est la source du bonheur des Peuples.

Enfin, ces livres, selon lui, contenoient des semences de révolte. Ceux qui en faisoient leur étude continuelle, s'érigeoient en réformateurs de l'État. J. J. Rousseau n'auroit pas pu trouver de meilleur texte que cette ordonnance pour composer son fameux discours sur le danger des Arts et des Sciences.

Cet édit fut exécuté par tous les Gouverneurs avec la dernière sévérité. Chi-Hoang-Ti auroit dû réfléchir que l'entière exécution en étoit impossible. Il existoit, dans le voisinage, d'autres Princes indépendans, sur lesquels Chi-Hoang-Ti n'avoit que très-peu de pouvoir : et d'ailleurs, comment se flatter de rechercher tant de livres disséminés sur une si vaste étendue de territoire ? Aussi un grand nombre de livres furent sauvés ; et l'Empereur, bien loin d'atteindre le but qu'il s'étoit proposé, ne fit que

rendre son nom exécrable à la postérité. Les Chinois modernes regrettent
beaucoup la perte de tant de monumens historiques. Je croirois volontiers que c'est à cela que tient l'incer-
titude de l'Histoire chinoise dans les
premiers âges : on aura voulu sup-
pléer à ce qui manquoit, et l'on aura
fabriqué des documens. C'est ainsi
qu'en cherchant à remplir les lacunes
de Quinte - Curce, de Tacite et de
tant d'autres Auteurs, les Modernes
ont souvent commis de grandes bé-
vues.

Voici la distribution des cinq livres
de l'Ou-King.

Le premier, intitulé *Chou-King*,
contient une collection des annales
de différens Princes, dont les pre-

miers ont régné plus de deux mille ans avant Jésus-Christ.

Le second, le *Chy-King*, est un recueil d'odes, de sonnets et de maximes.

Le troisième, l'*Y-King*, contient les fameux trigrammes de Fou-Hi, qui passent pour le premier essai de l'écriture chinoise.

Le quatrième est le *Choung-Chou*; il renferme l'histoire de quelques Princes du royaume de Lu, écrite en très-grande partie par Confucius.

Le cinquième est l'*Y-Ky*, ou Traité des cérémonies et des devoirs moraux.

Les Lettrés chinois regardent le troisième de ces livres, l'*Y-King*, comme celui dont le texte s'est conservé le plus pur, et a été transmis jusqu'à eux sans altération. Ils disent que cet écrit fut excepté de l'incendie général de tous les livres, ordonné par Chi-Hoang-Ti, sans doute parce qu'étant moins intelligible, on le jugeoit moins dangereux. Ils regardent l'Y-King comme l'œuvre non pas d'un mortel, mais de la Divinité elle-même. Fou-Hi prétendoit avoir vu ses figures élémentaires tracées sur le dos d'un *dragon* sorti d'un lac. C'est ce dragon si célèbre qui est devenu la devise de la Chine, l'ornement des habits de l'Empereur et des principaux Chinois ; avec cette différence qu'il n'y a que l'Empereur qui puisse le porter à cinq griffes, et ceux à qui l'Empereur est censé avoir donné le droit de le porter, comme lorsqu'il fait présent d'une pièce de soie impériale. Les autres dragons ont au plus quatre griffes.

Telle est, en un mot, la vénération profonde des Chinois pour l'Y-King, qu'ils disent que ce livre merveilleux donne la connoissance de toutes les choses visibles et invisibles ; qu'étudier les autres livres, et ne pas s'appliquer à la connoissance de l'Y-King, c'est courir après des ruisseaux , et négliger la source.

La langue parlée est monosyllabique ; le nombre des sons ne va pas au-delà de trois cent cinquante, sensibles à l'oreille des Européens ; mais un Chinois, exercé dès sa plus tendre enfance, module sa voix, de manière à donner au même monosyllabe cinq ou six sons différens ; de sorte qu'il peut prononcer douze ou treize cents mots radicaux, lesquels, avec les mots composés, suffisent pour exprimer tous ses besoins.

Pour faire comprendre jusqu'où peuvent aller ces nuances dans les inflexions de la voix, je me servirai d'un exemple familier à ceux de mes jeunes Lecteurs qui étudient la langue latine. Dans les mots *totus* et *totalitas*, la lettre *o* est une longue ; cependant la prononciaton de la première syllabe dans chacun de ces mots n'est pas tout-à-fait la même. Dans *totus, to* se prononce en ouvrant un peu la bouche ; dans *totalitas,* la même syllabe est un peu plus brève, comme dans le mot françois *totalité.*

La prononciation change le sens des monosyllabes chinois : le mot *Tcheou*, prononcé avec la syllabe longue en chantant, signifie *Seigneur* ou *Maître*; avec la voyelle longue, mais d'un ton uniforme, il veut dire *pourceau* : si la voyelle est brève, il signifie *cuisine*. Le mot *po* a onze acceptions différentes; suivant l'inflexion et l'accent qu'on lui donne, il signifie *verre*, *bouillir*, *vanner du riz*, *sage* ou *libéral*, *préparer*, *vieille femme*, *rompre* ou *fendre*, *incliné*, *arroser*, *esclave*, etc. Mais n'avons-nous pas en françois des mots qui prêtent à plusieurs sens, et dont la prononciation est constamment la même ? Par exemple, le mot *tour*, qui signifie un *tour* de couvent, un *tour* à potier, un *tour* de force ou d'adresse, le *tour* d'un objet, une *tour* ronde ou carrée, etc. etc. ? Les Chinois sont prévenus sur les confusions auxquelles la ressemblance des mots peut donner lieu, et ils arrangent sans doute leur phrase de manière à lever toute équivoque. Au surplus, leur grammaire est très – simple; les verbes, toujours à l'infinitif, sont précédés ou suivis de syllabes qui indiquent les temps et les personnes. La syntaxe n'est pas moins simple; c'est ce qui a fait dire au P. Magaillans, quoique l'opinion contraire fût très-accréditée de son tems, et le soit encore :

« Je ne puis m'empêcher de dire
» que la langue chinoise est plus fa-
» cile que la grecque, que la latine,

» et que toutes les autres de l'Europe;
» du moins on ne pourra pas me nier
» que toute éloquente qu'elle est , elle
» ne soit beaucoup plus aisée que
» toutes celles des missions où notre
» compagnie est occupée ».

La langue actuelle de l'Empire chi‑
nois étoit autrefois l'idiome particu‑
lier de la province ou du royaume de
Kiang‑Non, dont Nankin est la Capi‑
tale. Elle s'est répandue peu à peu
dans toutes les parties du Pays.

Planche XX.

Un Chinois écrivant avec un pinceau.

Le papier et l'encre, dont on se sert à la Chine, feront l'objet des articles suivans. Il s'agit seulement ici de considérer en quoi la manière d'écrire des Chinois diffère de la nôtre.

Ils écrivent avec des pinceaux de poils de lapin; il y en a de toutes sortes de grosseur. Le manche du pinceau est de bambou. On y voit, comme sur nos crayons ou nos bâtons de cire à cacheter, le nom et la demeure du fabricant, au moyen d'une petite étiquette qui s'y trouve collée.

Pour écrire, les Chinois tiennent verticalement le pinceau entre le pouce, l'index et le doigt majeur ; de sorte qu'il porte sur la seconde phalange du quatrième doigt ou l'annulaire. Il faut qu'il y ait au moins un pouce de distance entre l'endroit où ce dernier doigt est appuyé et le papier. Le petit doigt reste posé près de l'annulaire. C'est le poignet qui porte, et les doigts seuls agissent. Cette position est gênante, et demande beauboup d'habitude.

Les Chinois tracent leurs lignes de haut en bas, en commençant leur page à droite (1) ; en sorte qu'à me-

---

(1) Tous les Orientaux écrivent de droite à gauche, et non pas de gauche

sure qu'ils changent de ligne, la main recouvre ce qu'ils ont écrit, et qu'ils sont obligés de la lever entièrement pour relire les derniers mots. Cet inconvénient n'est pas très - sensible, parce que leur encre sèche très-promptement.

C'est dans ce pays un grand talent

à droite, comme les Européens ; les Chinois et les Japonois sont les seuls dont les lignes soient verticales au lieu d'être horizontales. Les anciens Grecs traçoient les lignes alternativement de droite à gauche et de gauche à droite, en imitant la marche d'un bœuf attelé à une charrue dans les sillons qu'il doit creuser. Ils appeloient ce genre d'écriture *Boustrophédon*.

de bien écrire ; les caractères doivent être petits et déliés ; il faut savoir les placer, et choisir ceux qui conviennent, particulièrement dans les placets adressés aux Mandarins ; le même signe ne doit pas se reproduire dans la même composition. Cette recherche est plus grande encore lorsqu'il s'agit d'écrire à l'Empereur, car il y a des mots qui sont destinés pour lui seul. On voit dans la relation de Macartney, que les interprètes de l'ambassade ne se trouvèrent pas assez habiles écrivains pour traduire les notes officielles ; il fallut recourir aux Missionnaires, et faire transcrire ensuite par le jeune Staunton, le brouillon qu'ils avoient donné. On trouve peu de Chinois en état de bien composer un mémoire,

la moindre imperfection, le moindre
déplacement d'un caractère, peuvent
faire rejeter une requête.

Comme le pinceau retient mieux
l'encre que nos plumes, on perd moins
de temps à l'imbiber, et l'on renouvelle
la liqueur moins fréquemment. Les
Lettrés chinois écrivent avec une célérité qui tient du prodige, et dont
peuvent seuls se faire une idée ceux
qui ont vu opérer en France ou en
Angleterre quelque habile Sténo-
graphe.

Quoiqu'on se serve communément
du pinceau pour écrire, les Tartares
emploient volontiers une espèce de
plume faite de bambou, et taillée à
peu près comme les plumes d'Europe.
C'est le *calamus* des Anciens qui étoit

également fait avec un certain roseau d'Egypte. Mais le papier de la Chine étant apprêté presque sans alun et fort mince, il est plus commode de se servir du pinceau que de la plume.

Si l'on veut écrire avec une plume, ou s'en servir pour peindre à la Chinoise, des fleurs, des arbres, des paysages, il faut préalablement passer sur le papier un peu d'eau, imprégnée d'alun, pour empêcher que l'encre ne pénètre.

M. Barrow a dit dans son ouvrage sur la Chine, que l'écriture des Tartares Mantcheoux, qui est fondée sur un alphabet, et non sur un vocabulaire difficile à retenir, finira par l'emporter sur l'écriture chinoise. Les caractères Tartares Mantcheoux ont cela de particulier, qu'on les lit également bien quand ils sont renversés.

L'écriture chez les Chinois ne fut sans doute dans l'origine, que le dessin plus ou moins correct des objets dont on vouloit parler. Mais ce moyen qui est bon pour rendre des objets visibles, tels qu'un oiseau, un arbre, une maison, étoit fort insuffisant pour exprimer des idées abstraites. Il a donc fallu créer des signes qui sont purement arbitraires, et n'ont aucun rapport à la pensée qu'il s'agit de peindre.

Les caractères Chinois se réduisent à six traits courbes ou rectilignes, lesquels combinés deux à deux, trois à trois, etc, offrent une variété immense de figures. Tout cet assemblage de caractères est distribué en six classes, appelées Lo-Chou.

Pour donner une idée de l'arrangement de ces classes, nous dirons quelques mots de la quatrième qui renferme les animaux et les végétaux. Tous ces objets sont classés en quelque sorte par ordres, genres et espèces, comme dans le système de Linné. Veut-on désigner un canard, le premier caractère désigne un volatile quelconque ; le second spécifie un oiseau aquatique, etc.

Il en est à peu près de même des autres classes. La clef, ou principal caractère, indique toujours de quelle espèce est le mot en question. Par exemple, toutes les expressions de la langue qui ont quelque rapport au *feu*, présentent dans leur composition le signe *ho*, qui veut dire feu. Le mot *sai* qui signifie malheur, est composé du signe *mien*, maison, et du signe du feu, parce qu'il n'y a pas de plus grand malheur que de voir brûler sa maison.

Le mot *ho-am*, qui signifie clarté, splendeur, est composé du signe *am*, qui veut dire grand Roi, et du signe *ho* ou *feu*, parce qu'il n'y a rien qui ait plus d'éclat et de magnificence qu'un grand Monarque.

Le signe qui signifie montagne de roches escarpées, est formé du mot *xan*, montagne, et du signe *degrés*, parce que pour gravir une montagne escarpée, il faut se servir de degrés ou d'échelle.

De là résulte que dans les vocabu-
laires Chinois, tous les mots de la
langue sont rangés par mots de un,
deux, trois signes, etc.

Chaque caractère a son nom et sa
prononciation particulière, indépen-
dante des mots qu'il peut servir à
former. J'en ai fourni plus haut un
exemple, en rendant compte des signes
qui constituent le mot *malheur*.

La langue écrite des Chinois,
l'emporte à juste titre sur la langue
parlée, en ce qu'elle est uniforme
dans tout l'Empire, tandis que la
prononciation varie d'une province à
l'autre.

« Les Officiers qui accompagnoient
» l'ambassade Angloise, dit M. Bar-
» row, ne pouvoient converser avec

» les Mariniers des provinces méri-
» dionales, que par le moyen d'in-
» terprètes. La langue écrite est la
» même dans toute l'étude de l'Em-
» pire, mais le nom ou le son du ca-
» ractère varient ».

En France, le patois des paysans
diffère aussi dans quelques contrées
d'un département à un autre, mais
on s'entendroit encore moins par
écrit. Ceux qui prononcent mal mettent encore plus mal l'orthographe.
Des Dames qui ont beaucoup d'esprit, défigurent étrangement les mots
qu'elles écrivent faute d'avoir, quand
il en étoit temps, mis à profit les con-
seils de leurs instituteurs. On vit
autrefois une Dame d'un rang dis-
tingué, se couvrir de ridicule pour

avoir écrit ces mots à un homme
en place : je vous recommande mon
petit *Comyoz*. Celui qui reçut la lettre
n'y comprit rien , il se doutoit fort
peu qu'on le prioit de placer un jeune
Commis aux aides ; (*Comy-o-z*).

Les Chinois ne sauroient écrire les
langues d'Europe , ni les bien prononcer, parce que d'un côté leurs caractères, quoique multipliés en apparence, n'expriment qu'environ trois
ou quatre cents syllabes, et ne peuvent
en exprimer d'autres ; et que, d'un
autre côté, l'on ne trouve point dans
la langue parlée des Chinois , les
lettres b, d, r, x, z (1).

____

(1) J'ai vu à Paris, chez l'abbé Sicard ,
un jeune Chinois qui avoit été trouvé

Ce seroit de même une entreprise illusoire , que de vouloir écrire les mots chinois, en caractères européens. On est obligé de le faire pour les noms propres, mais les lettres qu'on employe à cet effet sont loin de figurer la prononciation véritable. Non seulement chaque nation adopte son orthographe, c'est-à-dire, par exemple, que le nom de l'Empereur Cang-Hi,

---

sur un bâtiment anglois , et qu'on avoit amené en France. Les sourds-muets de M. Sicard se faisoient entendre de lui par signes. On essaya de lui faire prononcer la lettre *b* ; il y réussit assez bien, mais il ne put jamais prononcer *ra* ; il disoit *la* , et d'une manière fort accentuée.

est écrit par les Anglois *Caung-Shee*, et *Kam-Hi* par les Portugais; mais les voyageurs de la même nation ne sont pas d'accord entre eux.

~~~~~~~~~~~~~~~~~~~~~~~~~~~~~~~~

Planche XXI.

Fabrication du papier de bambou.

Dans les premiers siècles de l'Empire, les Chinois n'avoient point de papier de pâte; ils écrivoient sur des planches et de larges pièces de bambou. Au lieu de plume ou de pinceau, ils employoient un stylet de fer. Ils écrivoient même sur le métal, et les curieux conservent encore d'anciennes plaques, sur lesquelles on voit des caractères fort nettement tracés.

Cependant il y a déjà long-temps qu'ils ont fait la découverte du papier. Quelques Européens admirant sa fi-
~~~~~~~~~~~~~~~~~~~~~~~~~~~~~~~~

1
2
3
B.R

nesse, l'ont pris pour une composition de soie, mais ils n'ont pas réfléchi
que la soie ne peut pas se réduire en
pâte. Les matières animales, telles
que la laine, la soie, les poils de
lapin ou de castor, peuvent fournir
un feutrage plus ou moins fin, mais
jamais un papier véritable, sur lequel
on puisse écrire sans que l'encre s'y
imbibe.

Les Chinois composent leur papier
avec la seconde pellicule du bambou
et de quelques autres plantes. Ce
papier est d'une finesse presque im-
palpable, mais la corruption et les vers
s'y mettent aisément. Il faut battre
souvent les livres et les exposer au
soleil.

Outre le papier qui se fait d'écorce

d'arbre, on en fait aussi de coton ; c'est le plus blanc, le plus beau, et le plus en usage ; il n'est pas sujet aux inconvéniens dont nous venons de parler, et se conserve aussi bien que le papier d'Europe.

Il est certain que le papier Chinois a un grand avantage sur le nôtre, en ce qu'on en fait des feuilles d'une égale blancheur partout, d'une longueur extraordinaire (1), et qu'il est extrêmement doux et uni.

---

(1) Un auteur chinois, cité par Duhalde, parle de feuilles longues de trois et cinq tchang chinois, c'est-à-dire, de trente et cinquante pieds. Dans les fabriques modernes, la longueur et la largeur n'excèdent pas dix pieds.

La consommation du papier est si énorme à la Chine, qu'il n'est pas étonnant qu'on en fabrique de toutes les matières; outre celui destiné à l'écriture et à l'impression, il faut savoir que la plupart des châssis de fenêtres sont de papier. Les murs, les plafonds sont collés de papiers blancs ou de couleurs, unis ou chargés de toutes sortes d'ornemens. En un mot, on ne voit dans les appartemens les plus somptueux que du papier qui se renouvelle tous les ans.

La planche en regard de cet article représente la première opération, relative à la fabrication.

On choisit, dans une forêt de hauts bambous, les jets d'un an, qui ont acquis la grosseur de la jambe.

On les dépouille de leur première pellicule verte ou écorce extérieure, on les fend en quatre, et on les divise en bandes étroites de six à sept pieds de longueur (n.° 1). Il faut remarquer que le tronc du bambou étant composé de fibres, longues et droites (1), il est très-aisé de le fendre de haut en bas, au lieu qu'en travers il se couperoit difficilement.

On commence par battre fortement ces bandes sur un bloc de bois, afin de les amincir (n.°2).

Ensuite on les dépose dans une mare d'eau bourbeuse, et on les laisse *rouir*

---

(1) Parce qu'il pousse à la manière des herbes ou graminées, et non comme un arbre par couches concentriques.

pendant quinze jours (n.° 3). Cette opération a pour objet de produire la dissolution des parties compactes et tenaces. Quand on a retiré les bambous, on les lave une seconde fois, on les réduit en filamens , puis on les expose au soleil, afin qu'ils se sèchent et se blanchissent.

Pendant que ces travaux se font dans une partie de la manufacture , on prépare dans une autre des ingrédiens qui doivent entrer avec la pâte de bambou dans la composition du papier.

Telle est une colle que l'on prépare avec le hao-teng, plante sarmenteuse et gluante qui croît dans lés montagnes. On coupe des tiges de cette plante qui, après avoir macéré trois ou quatre jours dans l'eau, produisent un suc onctueux et gluant : c'est cette colle qui est destinée à donner au papier le dégré de consistance nécessaire.

On supplée à la colle de hao-teng avec de la farine ou fécule de riz. On voit, dans la planche suivante (n.º 4), le pilon qui sert à la broyer

Planche XXII.

Seconde opération de la papeterie.

Quand le bambou a été réduit en filamens que l'on a fait blanchir et sécher au soleil, on les casse, on les pile dans un mortier, et on les fait cuire à la vapeur de l'eau bouillante.

Un homme fait mouvoir le pilon en le soulevant de toute la force de ses bras, ou à l'aide d'un levier (n.° 5).

La préparation est à peu près la même, si, au lieu de bambous, l'on fait usage d'autres végétaux. Ceux qui y sont le plus propres, sont les arbres les plus abondans en sève; les mûriers, par exemple, les ormes, la tige de l'arbrisseau qui produit le coton, le chanvre, et d'autres arbres dont les noms sont inconnus en Europe; tel est le *kou-tchou*, espèce de mûrier sauvage ou de sycomore.

On ratisse légérement la superficie extérieure de l'écorce, qui est verdâtre : ensuite on détache le *liber* ou écorce intérieure (1) en longues aiguillettes déliées que l'on fait blanchir à l'eau bouillante et au soleil.

Les Chinois font encore usage de paille de riz, de tiges d'orties ,etc.

---

(1) C'est de ce mot *liber*, nom de la seconde écorce avec laquelle les Anciens faisoient leur papier, qu'est venu l'autre mot *liber*, dont nous avons fait livre.

Ils employent aussi le vieux papier
dont on a enlevé l'encre : une multi-
tude de vieillards et d'enfans gagnent
leur vie à effacer l'encre du papier
qui a servi. L'encre de la Chine, composée de noir de fumée et de parties
purement végétales , résiste moins
que la nôtre composée de parties mé-
talliques, lesquelles deviennent couleur de rouille, sans disparoître pour
cela entièrement.

Leur papier de chiffon se fait avec
des morceaux de vieille toile de coton,
et subit à peu près les mêmes prépa-
rations que celui qu'on fabrique en
Europe.

Le r'habillage du vieux papier se
fait d'une manière fort curieuse. Les
artisans, qui s'en occupent, habitent

un grand village auprès de Pékin. Ils jettent les morceaux de vieux papier dans de grands paniers plats et serrés; ils le lavent auprès de ce puits, en le foulant avec la main et avec les pieds pour le décrasser , en ôter les souillures , et le réduire en une masse informe. Ils font cuire cette masse dans une chaudière , et lèvent les feuilles qui dans ce cas sont d'une grandeur médiocre.

Planche XXIII.

Troisième opération de la pvpeterie.

Quand le bambou, amolli à la vapeur de l'eau bouillante, a été de nouveau broyé avec le pilon, représenté dans la figure précédente, on fait cuire la pâte dans un fourneau, et on en remplit plusieurs baquets (n.º 6).

Le châssis, destiné à lever les feuilles de papier, n'est point garni de fils de fer ou de laiton, comme en Europe, mais de fils déliés de bambous. Ce sont de petites baguettes qu'on tire plusieurs fois par une filière d'acier, percée de trous de différentes grandeurs : on les rend aussi fines, aussi solides que le fil de fer; on a soin de les imbiber d'huile bouillante, afin que le châssis ne pénètre dans l'eau qu'à la surface, et à la profondeur suffisante pour lever les feuilles de papier.

On laisse égoutter le châssis quelques secondes, puis on dépose la feuille sur un morceau d'étoffe blanche sans couture. Dans nos papeteries d'Europe, on met sous presse un certain nombre de ces feuilles avec leurs *feutres*, afin d'en exprimer l'humidité; on les étend ensuite sur des cordes pour les faire sécher. Il en résulte la nécessité d'avoir pour cela de très-grandes salles : l'étendoir d'Auvergne a 144 pieds de longueur sur 36 de largeur, et est percé d'une multi-tude de fenêtres. On emploie en Chine un procédé plus expéditif, et qui exige moins d'espace : on fait sécher les feuilles à l'aide d'un fourneau en dos d'âne.

Quand les feuilles sont d'une gran-deur extraordinaire, il faut que le réservoir et le chassis aient des di-mensions proportionnées. On abaisse le châssis, et on le relève à l'aide de cordes et de poulies.

Ce n'est pas seulement pour la ten-ture des appartemens que l'on a besoin de si grandes feuilles ; c'est encore pour les *Ti-Tsé* ou billets de visite. Ces billets qui se font en Europe sur de simples cartes avec plus ou moins d'ornemens, sont en Chine d'une

5*

grandeur proportionnée au rang de celui qui fait, soit l'invitation, soit la visite, ou du personnage qui les reçoit. Les *Ti-Tsé* que l'Empereur fait remettre par honneur aux principaux Seigneurs de sa cour ou aux Ambassadeurs étrangers, sont de papier rose, et ne contiennent au milieu qu'un seul caractère qui signifie *bonheur supréme*. Ce signe est un des plus compliqués dans l'écriture Chinoise ; il se compose entre autres des caractères qui signifient *champ cultivé, maison et enfans*. Il exprime parfaitement en quoi les Chinois font avec raison consister le vrai et solide bonheur.

Les Chinois fabriquent plus de deux cens sortes de papier. Celui qui est destiné à écrire reçoit une préparation d'alun. Le papier argenté ne l'est point avec de l'argent, mais avec du talc. On prend pour cela du talc de la province de *Sé-Tcheuen*, que l'on nomme emphatiquement *Yun - mou - Ché*, c'est-à-dire, *pierre matrice des nuages* ; parce que chaque lame qu'on en sépare ressemble à une nuée transparente. On réduit le talc en poudre très - fine, pour l'appliquer sur le papier.

Planche XXIV.

Tour pour travailler la porce-laine.

LES Chinois faisoient déjà ces porcelaines superbes qu'ils n'ont pas surpassées depuis, lorsque nous ne connoissions pas en Europe l'usage de la fayence, c'est-à-dire, de la poterie vulgaire, recouverte d'un vernis imperméable.

Les premières fayences furent inventées en Italie, où les pinceaux de Jules - Romain, et quelquefois de Raphaël lui-même, ne dédaignèrent point d'y tracer des compositions élégantes et ingénieuses. Cet art se

perfectionna en France. Il dut un avancement rapide au savant Bernard Palissy, potier de Henry III, célèbre par ses peintures sur verre. Les relations que l'on eut avec la Chine firent connoître ses magnifiques porcelaines. On voulut les imiter, mais la fabrication en étoit un secret ; on débitoit à ce sujet mille contes absurdes : on prétendoit qu'elles se faisoient de coques d'œufs ou de coquilles de certains poissons, qui restoient enfouis en terre pendant vingt, trente et même cent ans.

La fabrication de cette poterie est connue à la Chine depuis un temps immémorial ; l'origine en est enveloppée de beaucoup de fables. Un nommé *Pu* est en quelque sorte le patron des ouvriers en porcelaine : ils en ont une statue dans leurs ateliers. Voici l'histoire de ce Pu. Un des anciens Empereurs ayant ordonné quelques pièces d'une exécution difficile, le malheureux Pu, qui en fut chargé, n'en vint point à bout. De désespoir il se précipita au milieu de son fourneau, où il fut en un instant consumé par les flammes. Cependant les autres ouvrages de porcelaine qui cuisoient dans le même four, en sortirent si beaux et si conformes au modèle de l'Empereur, que cela fut regardé comme un prodige. Le pauvre ouvrier devint une espèce de Demi-Dieu.

Le mot de porcelaine est inconnu des Chinois ; ils ne pourroient même le prononcer. On croit que ce nom vient des Portugais qui nomment une tasse ou une écuelle *pocellana* (1), quoiqu'ils donnent à la porcelaine de la Chine le nom de *Loça :* le terme Chinois est *Tsé-Ki.*

La porcelaine est si commune dans ce pays, que malgré l'abondance des poteries ordinaires, les ustensiles de ménage sont la plupart de cette précieuse matière. On en recouvre les toits des maisons. Quelquefois les colonnes et les parois extérieures des édifices en sont incrustées.

Auprès de la ville de Nankin, qui fut autrefois la capitale de toute la Chine, on admire la fameuse tour

---

(1) Diminutif tiré du latin *pocillum,* petite coupe.

de porcelaine : elle a huit faces, chacune de quinze pieds de largeur ; elle
est haute de deux cens pieds et di-
visée en neuf étages.

La belle porcelaine est blanche
comme la neige, et vient de Fo-Kien
ou de King-Té-Ching. Celle qu'on
fabrique le plus communément est
blanche avec des fleurs bleues. Toute
celle qu'on apporte à Canton, pour
la vendre aux étrangers, est blanche ;
on y applique après coup des ornemens ou des peintures, suivant le
goût des marchands.

La porcelaine est composée de deux
sortes de terres, l'une qui se nomme
Pétun-Tsé, et l'autre *Kao-Lin*.

La première est une terre argi-
leuse, douce au toucher, mêlée de

quartz (cristal de roche) et de mica.

La seconde est un spath fusible ,
également mélangé de mica et de
quartz.

Ces substances , surtout la dernière, se trouvent, dans les carrières ,
en forme de roches. On écrase les
fragmens avec des masses de fer; on
met les morceaux brisés , dans des
mortiers où l'on achève de les réduire
en poudre très-fine.

On jette ensuite cette poussière
dans une grande jarre remplie d'eau ,
et on l'y agite fortement avec une
pelle de fer. Au bout de quelques
momens de repos, il surnage une espèce de crême, épaisse de quatre à
cinq doigts : on l'enlève , et on la
verse dans un autre vase. L'eau de

la jarre, agitée de nouveau, produit une autre crême que l'on recueille également jusqu'à ce qu'il ne reste plus au fond que des molécules grossières, que l'on retire pour les piler encore une fois.

La crême, mise à part et séchée dans des moules carrés, produit les blocs de pé-tun-sée, qui se vendent ainsi dans le commerce.

Il faut réduire ces morceaux en poudre, et en faire de la pâte quand il s'agit de fabriquer la porcelaine. On travaille sur cette pâte dans les manufactures chinoises comme dans les nôtres ; on en forme des vases, sur le tour représenté dans l'estampe.

Un arbre de fer, placé verticalement dans une crapaudine où tourne le pivot, passe à travers un établi, et porte à son extrémité une petite roue en bois d'un pouce d'épaisseur et de sept à huit de diamètre. Une roue semblable, placée horizontalement comme la première, mais large de trois à quatre pieds, s'élève au-dessus de la crapaudine, et communique à celle d'en haut le mouvement circulaire que l'ouvrier assis devant l'établi lui donne avec son pied.

Tel est le procédé que l'on emploie dans les ateliers d'Europe; mais en Chine, l'ouvrier modeleur n'est pas celui qui donne l'impulsion à la grande roue. Ce dernier est debout, se soutient à une corde attachée au plafond, et fait mouvoir la roue par le mouvement alternatif de ses pieds.

C'est sur la petite roue que l'on fait tous les vases de forme circulaire. La pâte, tournant avec rapidité, prend sous les doigts de l'ouvrier la forme d'une tasse, d'une aiguière, etc. ; mais les vases ovales ou de forme carrée, les figures d'animaux et d'idoles, les bustes commandés par les Européens, en un mot, tout ce qui n'est pas de figure circulaire, ne sauroit être fait au tour. On jette ces objets dans des moules : les fleurs et autres ornemens en relief sont appliqués sur la porcelaine avec des moules, ou tout préparés ; on joint les pièces séparées, à l'aide d'un peu de pâte liquide.

Quand le vase est fini, et qu'on lui a donné le poli convenable, on

le met sécher à l'ombre ; les pièces séchées sont mises ensemble dans un four, où elles restent un espace de temps assez considérable. Il faut que le feu soit violent, car la pâte subit un commencement de vitrification.

La porcelaine, après cette première opération, reçoit mal-à-propos dans nos manufactures le nom de *biscuit*. Ce nom sembleroit indiquer deux cuissons, bien qu'elle n'ait passé qu'une seule fois au four.

Le biscuit est d'un blanc mat. Pour lui donner un vernis brillant et pres-que indestructible, on plonge, les pièces retirées du four, dans du sable quartzeux délayé dans l'eau ; c'est ce qui forme la couverte. On remet les vases au feu ; la couverte se vitrifie ;

6*

la pâte achève de se cuire, et offre
en cet état une demi-transparence.
On trace sur ces porcelaines blanches des dessins en or ou en couleur,
et on les remet au four une troisième
fois. Le feu est moins violent que pour
les premières opérations, de peur que
les couleurs ne s'étalent et ne se dé-
naturent.

C'est sous ce dernier rapport que
les manufactures de Sèvres et d'Angleterre ont laissé bien loin en arrière
les porcelaines chinoises. On exécute
aujourd'hui, sur porcelaine, des tableaux aussi purs de dessin, aussi
brillans de coloris que ceux peints
sur toile par les meilleurs maîtres.
Ils ont sur ces derniers l'inestimable
avantage, que la couleur en est inal-

térable, et, pour ainsi dire, éternelle.

L'art de peindre sur porcelaine, vient de faire, dans ces dernières années, de nouveaux progrès. Ce ne sont plus seulement des tableaux peints lentement, avec difficulté et surtout à grands frais, que nous retracent les vases de porcelaine et de fayence. On y transporte des estampes en noir et en couleur, c'est-à-dire, qu'on a trouvé l'art d'imprimer en taille-douce sur la fayence et sur la porcelaine. La fayence n'exigeant pas une cuisson aussi forte, cette opération y est plus facile; et l'on vend aujourd'hui au prix modique de douze ou quinze sous, des assiettes de fayence avec des dessins de paysages, de monumens, de figures, etc. d'une exécution si parfaite, que le prix en seroit exorbitant s'ils étoient tracés au pinceau.

De même que nous regrettons la perte de la peinture sur verre qui étoit si commune au 15e siècle (1), les Chinois regrettent la perte de quelques procédés relatifs à la fabrication des anciennes porcelaines. Les secrets ont péri avec ceux qui en étoient possesseurs.

Les anciens manufacturiers traçoient, dans la substance même de la pâte, des figures de poissons ou d'autres animaux, qu'on n'apercevoit

____

(1) On l'a retrouvée ; mais il est évident que les résultats n'en sont pas tout-à-fait les mêmes, et que les procédés modernes sont plus dispendieux.

que lorsque le vase étoit rempli de quelque liqueur.

Au surplus, l'engouement qui fait préférer les antiques porcelaines de la Chine et du Japon, aux nou-velles, est souvent ridicule. Les Chi-nois profitent quelquefois de la ma-nie des marchands Européens. Ils imitent la pâte et la figure de l'an-cienne porcelaine ; ils enterrent ces vases pendant un mois, dans le plus sale mélange que l'on puisse imaginer : la surface en est si bien corrodée, qu'ils passent pour avoir 3 ou 400 cents ans d'ancienneté.

Cette supercherie n'est point sur-prenante de la part des Chinois, qui sont les frippons les plus éhontés de la terre, dans leurs relations avec les

Européens. Les valets ramassent au fond des théières des feuilles de thé qui ont déjà servi, pour les faire sécher et les vendre à des marchands, lesquels en grossissent les ballots de thé qu'ils expédient à Canton. Dans les caisses de jambon, il est rare qu'on ne trouve point quelques jambons de bois peint, qui ont la forme et la couleur des jambons véritables. Quoique le poivre soit à très-bon marché dans leur pays, ils mêlent aux grains véritables de faux grains qui sont de petites boules de pâte roulées dans de la poussière de poivre. Presque toutes leurs marchandises sont ainsi falsifiées.

Planche XXV.

Récolte du Thé par les Singes.

LES Anglois appellent la porcelaine *China* ou *China-Ware*, comme si l'on disoit la marchandise de la Chine par excellence. Le thé n'est pas une production moins fameuse de ce pays, quoiqu'il ait été long-temps inconnu en Europe, et que les Hollandois ne nous en aient apporté que vers le commencement du 17ᵉ siècle.

Peu s'en fallut qu'à cette même époque, les Chinois ne remplaçassent leur boisson favorite par l'infusion d'une plante européenne. Les Hollandois s'étoient avisés de leur donner,

en échange du thé de la petite sauge,
qui est , comme on sait, fort aroma-
tique , et dont la décoction offre un
breuvage agréable. Malheureusement
pour les spéculateurs hollandois, cette
vogue, qu'ils introduisirent à Canton,
ne fut pas de longue durée, et n'alla
pas plus loin. Le thé se trouve, exclu-
sivement à toute autre contrée du
monde, dans quelques provinces de la
Chine. Les tentatives que l'on a faites
pour introduire l'arbre à thé dans l'In-
dostan, ne paroissent pas avoir été
suivies de succès.

La plante qui produit le thé a été
classée par Jussieu, dans la famille des
mauves. Elle a une fleur rosacée,
composée de six ou neuf pétales dont
les trois sont plus petits. Le fruit

est une capsule qui ne ressemble pas mal aux graines de la capucine ; mais il paroit qu'on n'en fait aucun usage. Les feuilles sont les seules parties de la plante qui méritent d'être soigneusement recueillies.

Le thé croît dans les provinces les plus chaudes. Il n'est pas dans ce pays un objet de luxe, mais un objet de nécessité. On le prend sans sucre et sans lait, et on le regarde comme nécessaire pour corriger la crudité des eaux généralement mauvaises à la Chine. Le genre d'alimens dont ces peuples font usage est d'une digestion difficile, et ils ont besoin de thé pour la favoriser.

Le vrai nom Chinois de la plante est *Tcha*. Le mot thé n'est cependant point d'invention européenne. On prononce ainsi dans quelques provinces le nom de la plante.

Les Chinois en comptent quatre espèces particulières, le *Song-Lo*, le *Vou-Y*, le *Pou-Yul* et le *Lo-Ngan*. Les Européens estiment particulièrement la première, qu'ils appellent thé vert; ils confondent le reste sous la dénomination de thé noir.

La manière de cultiver le thé diffère selon les districts. Dans la province de Kiang-Nan on l'empêche de s'élever au - delà de six ou sept pieds. Ailleurs on le laisse croître à la hauteur de dix à douze pieds. Il seroit susceptible de devenir très - haut, mais on l'étête, et on le cultive en buisson comme un rosier.

La plante se sème au mois de mars;

les jeunes plants sont repiqués à la distance de trois ou quatre pieds. On peut récolter les feuilles au bout de trois ans ; mais il faut avoir soin de renouveler les plants tous les cinq à six ans ; car sans cela la feuille deviendroit dure et amère. Les feuilles de thé se récoltent au commencement, au milieu et à la fin du printemps ; celles d'automne ou de la seconde pousse passent pour peu délicates, mais la récolte en est très-abondante. La couleur des feuilles dépend du temps où elles sont cueillies : elles sont d'un vert-clair au commencement du printemps ; elles deviennent ensuite d'un vert plombé, et enfin d'un vert noirâtre.

Pour cueillir les feuilles tendres, il

faut choisir le temps du matin, lorsqu'elles sont chargées de rosée avant
le lever du soleil. Dès qu'elles sont
cueillies, on les expose au bain de
vapeur, on les roule en les tenant sur des plaques de fer ou de
terre cuite, et on les fait sécher au
soleil.

Le meilleur thé est celui dont les
feuilles ont été roulées une à une entre
les doigts, par des femmes qui font
ce métier. On nomme Tchu-Tcha le
thé roulé à la main.

On mêle quelquefois au thé divers
ingrédiens, plutôt pour en grossir le
volume et le falsifier que pour en
améliorer la qualité. Telles sont la
fleur du Lien - Whoa, ou Nénuphar
des Indes, et la Camélia-Sé-Sanqua,

dont la fleur ressemble beaucoup à celle du thé.

On enferme les feuilles desséchées dans de grandes caisses doublées de lames de plomb très - minces. Les paysans chinois foulent le thé avec leurs pieds nus, comme nos vignerons européens pressent souvent la vendange.

Le thé impérial nommé *Mao-Tcha* est composé de feuilles nouvelles, recueillies sur les jeunes plants du thé. Vou-y-Tcha (le thé *bou*). Cette production n'est point mise dans le commerce; l'Empereur en fait des présens à ses principaux courtisans, par l'intermédiaire de qui elle peut passer à d'autres personnes, et même arriver jusqu'en Europe.

7*

Les lieux secs et élevés conviennent mieux que les terrains bas et humides à la culture du thé ; il en résulte que la récolte est souvent très-difficile, sur-tout celle du thé de la meilleure espèce. Les hommes ne se tiendroient qu'avec peine sur des côteaux à pic ; au moindre faux pas ils pourroient se faire des blessures dangereuses, ou tout au moins ébranler et arracher les jeunes arbres. Quelquefois les côteaux sont tellement escarpés que des hommes ne pourroient pas y monter.

On a imaginé pour recueillir le thé dans ces endroits difficiles un expédient fort singulier ; il fait l'objet de la gravure ci-jointe, envoyée en original par les Missionnaires.

Des Singes sont dressés à gravir ces hauteurs, et à effeuiller les buissons de thé. Les feuilles roulent d'elles-mêmes du haut en bas de la montagne, ou y sont apportées par le vent, et les propriétaires de la plantation les ramassent.

On conçoit combien il est difficile de former de pareils aides, car les Singes ne peuvent être guidés en cette occasion par un instinct purément machinal. Les baies du thé n'ont aucun attrait pour eux, et d'ailleurs s'ils alloient les chercher on ne pourroit se servir d'eux que pour la récolte d'automne. Le fruit du thé est non seulement amer, mais un peu corrosif. Les Singes ne suivent autre chose que l'impulsion que leur a donnée un instituteur habile. Lorsqu'ils sont descendus de la montagne qu'ils avoient gravie à l'aide de cordes, on leur donne pour récompense quelque friandise de leur goût.

C'est ainsi que l'homme fait tourner à son profit l'instinct et l'industrie des animaux. Sans parler des truffes qui sont découvertes dans les campagnes du Périgord par des pourceaux avides, ne dressons-nous pas le Faucon à être le compagnon de nos chasses? Les Chinois ne se servent-ils pas de la voracité d'un oiseau, du Cormoran, dont il sera question dans un autre article (1), pour atteindre au fond des

---

(1) Voyez dans le tome IVe. le texte de la planche LXII.

lacs et des rivières le poisson qui fuit vainement leurs hameçons ou leurs filets ?

Les Anglois n'ont peut-être pas les même raisons que les Chinois de faire usage du thé, quoique les eaux qu'ils boivent à Londres ne soient pas fort saines, à en juger par la laideur et le peu de bonté de leurs dents. Le café, les liqueurs fortes, offrent pour faciliter la digestion des moyens encore plus actifs que le thé ; mais chez eux la passion de boire du thé est devenue une espèce de fureur. Leurs Médecins prétendent que l'usage de cette boisson rend les maladies cutanées plus rares qu'autrefois.

Aussi l'importation du thé en Angleterre est-elle prodigieuse. Il y a cent ans elle ne passoit pas 50 mille livres pesant par année; en 1777 elle fut de six millions pesant, et en 1795 de près de 28 millions. Il est vrai que les Anglois n'achètent pas tout ce thé, pour le consommer eux-mêmes, mais pour le vendre à d'autres peuples.

On trouve dans les mémoires du P. Amyot, la confirmation d'un fait qui a paru extraordinaire dans la relation de lord Macartney; c'est que « le thé arrivé en Europe a un par- » fum et une force qu'il n'a pas en » Chine ».

La même chose à peu près, arrive à notre vin de Bordeaux, qui devient infiniment plus généreux lorsqu'il a fait un voyage sur mer.

Le thé ne coûte pas fort cher dans les provinces où on le recueille, mais à Pékin le prix en est exorbitant. Pris à Canton, il revient à la compagnie des Indes d'Angleterre, à environ seize sous la livre : celui d'une qualité supérieure coûte à peu près trois francs. Cela n'empêche pas qu'il n'y ait beaucoup de cabarets à thé. Les gens du peuple y boivent une tasse de thé d'une qualité fort mauvaise, moyennant deux *tsen* qui valent à peu près deux de nos centimes.

On offre toujours le thé à la Chine aux personnes qui viennent faire des visites, quelque heure du jour qu'il puisse être. On le sert dans des tasses de porcelaine à couvercle. On ne le boit jamais froid ; et comme nous l'avons dit en commençant cet article, les Chinois n'y mettent ni crême, ni sucre.

On fait des boules du thé Pou-Yul, ainsi appelé du village qui le produit dans les provinces de Yu-Nan; pour faire tremper ces boules dans l'eau, on est obligé de les couper en morceaux. Cette dernière préparation n'est pas d'un goût fort agréable, mais on lui croit de grandes vertus médicinales.

On voit dans les rues de Pékin et des autres grandes villes de la Chine, des marchands de thé ambulans. Ils en distribuent des tasses moyennant un prix modique; il n'est pas besoin d'observer que ce thé est d'une qualité exrêmement médiocre, et proportionnée à la rétribution qu'on exige des amateurs.

J'ai sous les yeux un autre dessin, également envoyé par les Missionnaires, et qui représente une singulière manière de préparer le Hiuen-Tcha, ou thé impérial en boule. Plusieurs Chinois écorchent des chevaux vivans, et en recueillent le sang dans des baquets, afin de le mêler sans doute avec les feuilles de thé récoltées. Ce dessin n'est accompagné d'aucun texte.

———

Planche XXVI.

Fabrication de l'encre de la Chine.

L'INVENTION du papier eût été peu utile aux Chinois s'ils n'eussent découvert l'espèce d'encre la plus propre à y tracer des caractères.

L'encre de la Chine est composée de noir de lampe, qui se fait en brûlant du bois de pin, de la graisse de porc et de l'huile, dont on corrige l'odeur en y mêlant des parfums, et notamment du musc. On fait de cette suie une pâte en la mêlant avec de la colle de peau d'âne ; on jette cette pâte dans des moules de bois de dif-

férentes grandeurs, pour lui donner les formes que l'on desire; on y représente des figures d'hommes, de dragons, d'oiseaux, d'arbres, de fleurs, etc. La forme la plus ordinaire est celle d'un bâton carré, où sont inscrits des caractères chinois.

La meilleure encre vient de Nankin; mais les autres manufacturiers en contrefont les marques, comme nos marchands eux-mêmes donnent pour de véritable encre de la Chine des bâtons de leur composition.

La vieille encre passe pour avoir des effets salutaires en Médecine, particulièrement pour les maux d'estomac et les crachemens de sang. Cet heureux effet provient tout seul de la colle de peau d'âne.

Les Chinois ont, pour écrire, une petite table de marbre poli, avec un trou à l'extrémité pour y mettre de l'eau ; ils y trempent leur bâton d'encre, et le frottent plus ou moins, suivant le degré de noirceur qu'ils veulent donner à leur écriture.

L'écritoire de marbre, le pinceau, le papier et l'encre se nomment *Pau-Tsé*, mots qui signifient les *quatre choses précieuses*. Nos écoliers, et même nos gens de lettres et de cabinet, dont les encriers sont souvent d'une saleté révoltante, rougiroient de honte en voyant la propreté recherchée avec laquelle les Lettrés chinois tiennent tous les ustensiles qui ont rapport à l'écriture.

~~~~~~~~~~~~~~~~~~~~~~~~~~

Planche XXVII.

Manière dont on imprime à la Chine.

L'ART de l'Imprimerie, qui ne fait, pour ainsi dire, que de naître en Europe, puisqu'il date du milieu du quinzième siècle, long-temps après les beaux âges littéraires de la Grèce et de Rome, remonte en Chine à l'antiquité la plus reculée : les calculs les plus modérés en placent la découverte à environ cinquante ans avant l'ère chrétienne.

Il est vrai que les Chinois ne sont pas, sous ce rapport, aussi avancés que nous ; ils n'ont point de types
~~~~~~~~~~~~~~~~~~~~~~~~~~

mobiles, si ce n'est pour les *titres courans* des gazettes, du calendrier et de quelques autres ouvrages où les mêmes formules sont souvent répétées. Leur méthode d'imprimer consiste à graver en relief, sur une planche de bois, le discours dont on veut multiplier les copies.

On fait donc transcrire le manuscrit, par quelque bon écrivain, sur un papier fin et transparent ; le graveur colle chaque feuille à l'envers sur une planche de pommier, de poirier, ou de quelque autre bois dur ; il y sculpte les caractères en évidant les intervalles.

Dans les affaires qui requièrent célérité, comme lorsqu'il s'agit d'imprimer un édit, une déclaration du

Prince, etc. la gravure se fait sur une planche de cire jaune. Cette manière d'imprimer est, comme on le voit, la plus correcte qu'il soit possible de trouver; il ne peut y avoir de fautes, de mots répétés, oubliés ou transposés, si la copie est bien faite. Si cependant il y a des erreurs, ou si la planche éprouve quelque altération, l'endroit fautif est enlevé à la pointe du ciseau, et l'on adapte à la place une pièce de bois.

Avec un pareil procédé, l'usage de nos presses seroit impraticable. Voici de quelle manière procèdent les Chinois. Après avoir mis leur planche de niveau, ils trempent dans l'encre une brosse dont ils la frottent d'un bout à l'autre; ensuite ils y appliquent la feuille de papier, et passent dessus une autre brosse douce et oblongue, afin de faire marquer les caractères.

L'encre d'impression est faite avec du noir de fumée détrempé dans de l'eau-de-vie avec de la colle-forte, et un peu fluide.

Tout ouvrage imprimé porte non-seulement le nom, mais le cachet de l'auteur ; le cachet est d'agate, de corail, de jaspe, ou de cristal de roche : l'impression se fait avec une couleur rouge à l'huile.

Les caractères des cachets sont en écriture antique ; ils contiennent le nom de la personne, et de plus une sentence ou devise.

Il n'existe point à la Chine de ga-zettes littéraires où l'on rende compte des ouvrages nouveaux; les journaux ne parlent guère que de prétendues observations astrologiques; quelques articles sont consacrés aux événemens politiques. Les Missionnaires ont prétendu qu'une mort immédiate devoit être la punition d'un mensonge inséré dans la gazette impériale de Pékin; cependant M. Barrow observe qu'on y exagère très-souvent les événemens militaires, et qu'on y annonce des victoires qui n'ont jamais été gagnées. Les Missionnaires se sont mal expliqués; ils ont seulement voulu dire que l'éditeur de la gazette seroit puni, s'il s'avisoit d'y faire entrer quelque article qui ne lui auroit pas été officiellement envoyé par le Gouvernement.

J'ajouterai à ce que j'ai déjà dit sur la reliure chinoise, qu'elle présente, comparée à la nôtre, cette différence ou plutôt cette opposition singulière, que la grande marge de chaque page est en haut, au lieu de se trouver en bas : les titres courans sont sur la marge gauche extérieure de la page gauche, et écrits de haut en bas, suivant le génie de l'écriture chinoise. Les numéros des pages sont un peu plus bas sur la même marge, à peu près aux trois quarts de sa longueur : au-dessous du numéro est une raie noire perpendiculaire à l'encadrement des pages, et communiquant du *recto* d'un feuillet au *verso* de l'autre. Ces raies sont dans les livres chinois ce que sont dans les livres européens les pointures de la *frisquette* ; ils servent à faire tomber les feuillets dé *registre*. De là résulte que dans tout livre chinois on voit une ligne noire en bas de la tranche.

Planche XXVIII.

Récolte du vernis.

L'ARBRE qui produit le vernis de la Chine, et qui est une espèce de sumac, n'est pas le même que le Vernis du Japon (1). Ce dernier, susceptible de culture dans nos climats, offre un bois de menuiserie et d'ébénisterie plus beau que le noyer et plus fort que le chêne.

Quant au vernis de la Chine, on n'a pu encore s'en procurer de plants, ni en essayer la culture. Les Anglois

---

(1) *Rhus succedaneum,* ou *Rhus vernix.*

de la suite de lord Macartney, arrivés dans les provinces méridionales de l'Empire, payèrent très - cher plusieurs plants de vernis qu'ils eurent bien de la peine à se procurer, parce que les intermédiaires craignoient de se compromettre : quelle fut leur surprise de voir ces arbres se flétrir et se dessécher ? En les examinant, ils n'en trouvèrent pas un seul qui eût des racines ; c'étoient de petites branches d'arbres plantées dans des pots.

Le vernis que les Chinois nomment *Tsy*, est une gomme roussâtre qui découle d'un arbre, lequel a l'apparence du frêne par la feuille et l'écorce, et qui s'élève à la hauteur de quinze pieds sur environ deux pieds et demi de circonférence.

Pour obtenir le suc, il faut attendre que les arbres aient sept ou huit ans ; l'été est la seule saison où se puisse faire cette opération. On fait plusieurs incisions le long du tronc, avec un petit couteau en demi-cercle : celui qui fait l'incision d'une main, a dans l'autre une coquille dont il insère aussitôt les bords dans l'incision, autant qu'elle peut y entrer, c'est-à-dire, d'environ un demi-pouce ; cela suffit pour que la coquille s'y tienne sans autre appui. On fait les incisions le soir, et le lendemain on va recueillir ce qui a coulé dans les coquilles : souvent, au lieu de coquillages, on adapte aux incisions de longs tuyaux de bambou.

Ce ne sont point d'ordinaire les

propriétaires de ces arbres qui en font tirer le vernis, mais des marchands qui dans la saison traitent avec les propriétaires moyennant cinq sous par pied.

Il y a des précautions à prendre pour garantir les ouvriers des impressions malignes du vernis : ils ont coutume de se frotter les mains et le visage avec une certaine espèce d'huile, afin d'en neutraliser les effets. Quand ils ont cessé de travailler, ils se lavent tout le corps avec de l'eau chaude, dans laquelle on a fait infuser de l'écorce de sapin, des cosses de châtaignes, du salpêtre, etc.

Pendant que les ouvriers travaillent auprès des arbres, ils s'enveloppent la tête d'un sac de toile qu'ils lient

autour du cou , en n'y laissant que
deux trous vis-à-vis des yeux : ils
ont devant eux une espèce de tablier
de peau de daim , des bottines et
des gants de la même matière.

L'opération qui consiste à extraire
le vernis avec des tubes de bambou,
et qui est représentée dans la figure
ci -jointe, offre moins de dangers,
parce que le vernis est contenu dans
la capacité du bambou , sans qu'il se
fasse une grande évaporation au dehors : aussi voit-on dans cette gravure un des ouvriers se reposant de
son travail , manger tranquillement
son riz au pied de l'arbre.

Les coquilles ou les bambous dans
lesquels le vernis a découlé , sont
vidés sur un châssis de toile claire

portant sur les bords d'une grande
jarre de terre. : on y passe le vernis ;
ce qui ne peut traverser la toile est
mis à part et vendu aux droguistes.
On est content de la récolte, lorsque
dans une nuit mille arbres ont produit vingt livres de matière.

Quand la récolte est achevée, le
marchand met son vernis dans des
vases de bois exactement fermés.

Les ouvriers qui négligent de prendre ces précautions, essuient une ma-
die affreuse nommée *clou de vernis* ;
des espèces de dartres leur couvrent
le visage et le reste du corps : on y
remédie par de fortes purgations, des
fumigations, etc.

Le vernis de la Chine, outre l'éclat
qu'il donne aux moindres ouvrages

9*

de bois ou de carton sur lesquels on l'applique, a encore la propriété de conserver le bois et d'empêcher que l'humidité n'y pénètre : l'eau n'y a aucune prise.

Le vernis peut s'appliquer immédiatement sur le bois ou sur un mastic préparé avec du papier, de la filasse et de la chaux bien pétris ensemble.

Telle est la transparence du vernis, que deux ou trois couches n'empêchent pas de voir toutes les veines du bois. Si l'on veut cacher la matière sur laquelle on travaille, on multiplie le nombre des couches. Quand l'ouvrage est sec, on y peint en or ou en argent diverses figures, sur lesquelles on passe encore une couche de vernis, pour leur donner plus de brillant, et que la conservation en soit plus parfaite.

Les vernis du Japon sont préférés dans le commerce, parce qu'ils sont apprêtés avec plus de soin et de goût.

Les ouvrages en vernis sont communément noirs : ceux d'une autre teinte ne sont pas aussi beaux, parce que les drogues qu'on est obligé d'y faire entrer, produisent une couleur terne.

Le vernis que nos ouvriers appliquent sur le bois ou sur la tôle, n'a aucun rapport avec le vernis de la Chine ; le vernis sur tôle particulièment s'applique au moyen d'un feu violent que ne supporteroit pas celui des Chinois. Les *cabinets* de la Chine et du Japon étoient autrefois très-recherchés en France, mais ils sont aujourd'hui passés de mode. Telle est cependant leur beauté, qu'il n'y a pas de doute que la vogue n'en reviendroit bien vîte parmi nous, si la paix maritime nous permettoit de rétablir des communications avec la Chine, ou du moins avec Canton, le seul port de cette immense contrée qui soit ouvert aux Européens.

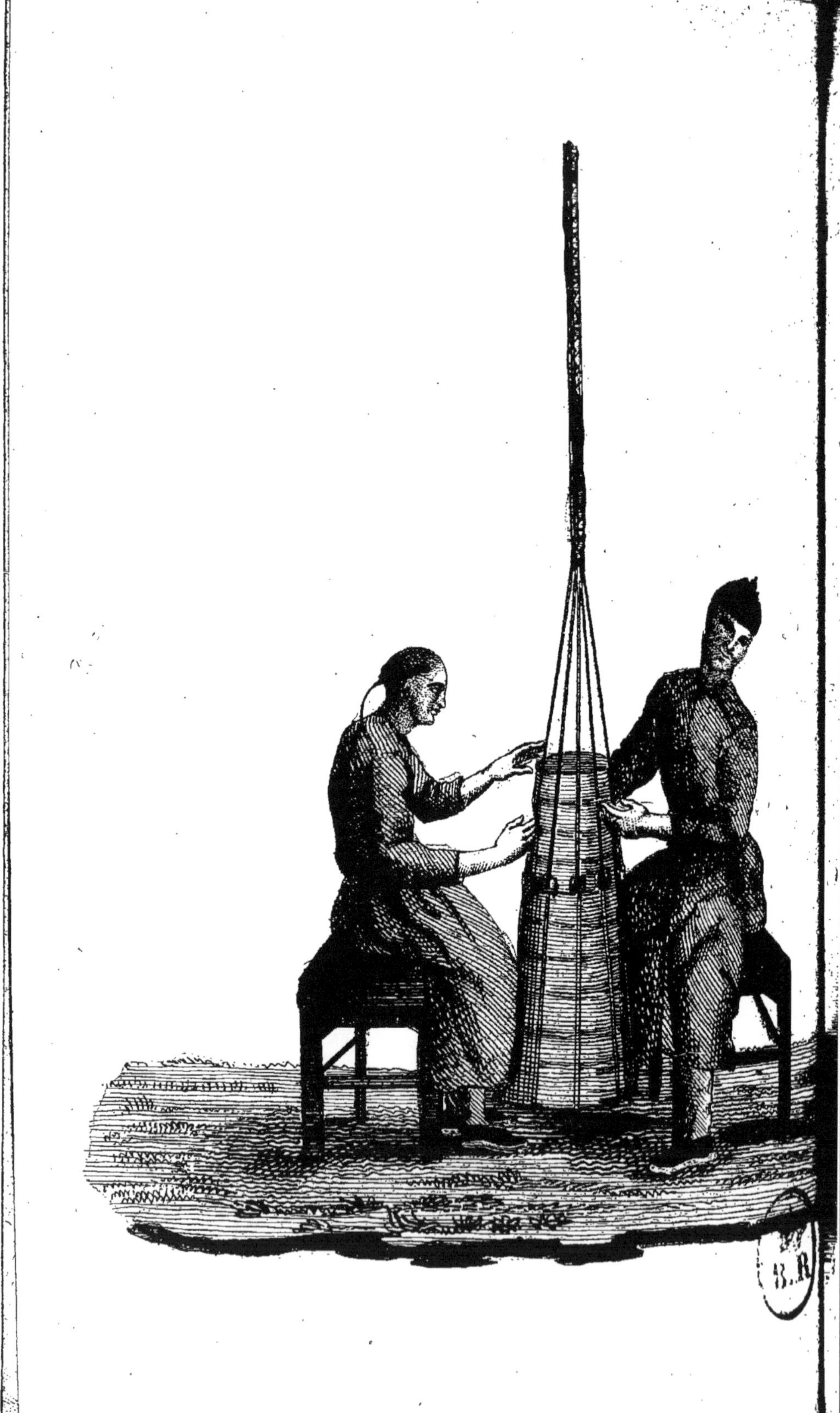

Planche XXIX.

Faiseurs de cordons de soie.

Nous réservons un grand article sur l'explication de la manière dont les Chinois élèvent les vers à soie, et préparent la matière que leur fournissent ces laborieux insectes. Ce sera l'objet du texte de la 62ᵉ planche dans le quatrième volume.

Les ouvriers représentés dans la figure ci-jointe sont occupés à fabriquer des cordons de soie, d'une manière fort différente de celle dont s'y prendroient les artisans européens dans le même genre. Leur métier n'est pas horisontal, mais vertical. Les fils sont tendus autour d'un cône tronqué.

Les femmes qui cordonnent le coton roulent très-adroitement les fils sur une tuile courbe. Cette tuile est placée sur le genou , le côté convexe en haut.

L'industrie naturelle des Chinois porte les personnes affoiblies par leur âge ou par leur sexe, à s'occuper sans cesse de quelque chose d'utile. Les vieillards reconnoissent ainsi les soins que prennent d'eux les membres plus jeunes et plus robustes de la famille, et l'honneur qu'ils leur rendent en leur accordant toujours la place la plus distinguée.

Le cordonnet de soie est , entre autres choses, employé à la reliure des livres. C'est avec des cordons de soie que l'on étrangle les criminels d'état condamnés à subir ce supplice.

Planche XXX.

Un Brodeur.

Le métier des brodeurs et brodeuses est de bambou, et ne ressemble pas mal à ceux dont se servent les ouvrières d'Europe. Les femmes qui se livrent à cet exercice ne sont point assises sur des chaises, mais sur de grandes jarres de porcelaine ou de poterie commune.

Les broderies chinoises n'ont pas à beaucoup près la délicatesse et la correction de dessin de celles d'Europe; mais elles se distinguent par un mérite particulier. Ils ont une manière de relever la broderie en bosse sur le

satin, la soie et le velours, de faire
des fleurs et des figures de fantaisie
en fils entremêlés, séparés, et en différens points d'aiguilles. Ils cousent
ensuite ces ornemens sur l'étoffe qui
doit servir de fond.

L'ouvrier représenté dans cette
gravure brode deux plaques d'étoffe
de soie; l'une pour un Mandarin civil
(ce qui se reconnoît à la figure d'oiseau); l'autre pour un Mandarin
militaire, ce qui se reconnoît à la
figure de quadrupède.

Si les Chinois et les Indiens ne
l'emportent pas sur nos ouvriers dans
l'art de la broderie, ils les surpassent
souvent dans l'art de faire des étoffes
brochées, c'est-à-dire, dont les fleurs
et les ornemens sont fabriqués en

même temps que le fond de la pièce. Les schals de Cachemire fabriqués dans un pays tributaire de la Perse, ne sont pas seulement magnifiques par la finesse et le moëlleux de la laine, mais par l'éclat des couleurs et la solidité des ornemens qui y sont adaptés.

Planche XXXI.

Fig. 1. *Une Faiseuse de bas.*

Fig. 2. *Un Marchand de vipères.*

Les bas des Chinois sont d'étoffe cousue et doublée de coton, avec un fil d'or en haut. Si ces bas ne sont point d'une forme élégante, ils ont du moins le mérite d'être très-chauds, Ainsi leurs bas ne sont pas tricotés. Les bas de coton et les bonnets qui en Europe sont faits par les mêmes artisans, les bonnetiers, occupent en Chine deux genres d'ouvriers très-différens.

Les bonnets des Chinois, ceux du moins dont se servent les personnes d'une classe supérieure, sont faits d'un tissu de cannes très-fin. On met par-dessus un poil fin et léger, tiré du ventre d'une certaine espèce de vache, et que l'on teint d'un beau rouge. Dans les deuils de cour ou de famille, l'usage est d'ôter la touffe rouge, et de porter le bonnet sans poils pendant vingt-sept jours.

L'autre figure de l'estampe ci-jointe, représente un marchand de vipères. Il porte sur son épaule un morceau de bambou, auquel pendent d'un côté un panier, de l'autre un seau de bois. Dans le panier est un vase de terre rempli de serpens réduits en bouillon ; le seau est surmonté d'une espèce de cage dans laquelle se trouvent des vipères ou couleuvres vivantes.

Il y a en effet plusieurs sortes de serpens dont les Chinois font usage, soit comme médicamens, soit comme nourriture. On expose journellement en vente des reptiles enfermés dans des paniers, de petits tonneaux ou des jarres de terre.

La planchette que le marchand tient à la main, et sur laquelle sont inscrits des caractères chinois, contient la recommandation des vertus de sa marchandise. Les gens en boutique ont des écriteaux semblables, où ils font en style emphatique l'éloge des objets qu'ils exposent en vente. L'article se termine ordinairement par les mots *pou-hou* qui veulent dire : *Il ne vous trompera pas.*

Les hommes qui font métier d'attraper des serpens, s'y prennent avec autant de hardiesse que d'intelligence. Dès qu'ils ont rencontré un reptile endormi sur l'herbe, ils glissent la main le long du corps du serpent, d'une manière si douce qu'ils n'effraient pas l'animal. Enfin parvenus à la partie postérieure de la tête, ils la pressent subitement, afin d'empêcher l'animal d'échapper ou de les mordre. Ils arrachent aussi-tôt les crochets à venin et les vésicules vénimeuses, et mettent le serpent dans un petit panier qu'ils portent pour cet objet à leur ceinture.

On croit vulgairement et fort mal

à propos que les serpens piquent avec un dard. Il n'ont rien de pareil ; ce qu'on prend pour un dard c'est leur langue qu'ils agitent avec tant de volubilité qu'elle paroît double. Le venin est contenu dans deux vésicules, placées chacune sous une dent creuse et crochue. Quand l'animal fait une morsure, les vésicules sont comprimées, les crochets extrêmement acérés s'enfoncent dans la chair, le venin qui découle à travers entre dans la blessure, la rend très-dangereuse, et même mortelle si l'on n'apporte de prompts secours. Une fois les vésicules et les crochets arrachés, on n'a plus rien à craindre de l'animal : les autres dents sont très-petites, et très-obtuses, et ne font presque point d'impression sur les doigts. Aussi voit-on fréquemment dans les Indes, des charlatans qui ont une longue vipère entortillée autour de leur cou sans qu'elle leur fasse le moindre mal. Le peuple qui voit le reptile agiter avec vitesse son prétendu dard, c'est-à-dire, sa langue, est dans une grande épouvante, mais il n'y a pas le moindre danger.

L'auteur d'une collection in-folio des costumes de la Chine, publiée à Londres en 1800, prétend avoir vu ces montreurs de serpens faire entrer par leur bouche un de ces reptiles presque entier : l'un des spectateurs retiroit ensuite l'animal par la queue, afin de prouver qu'il n'y avoit point de supercherie.

Planche XXXII.

Fig. 1. *Une Fileuse.*

Fig. 2. *Couturière chinoise.*

CETTE gravure ne demande point de commentaire. On voit au premier coup d'œil ce qu'elle représente. Les fileuses de la Chine ne façonnent pas seulement comme les nôtres le lin et le chanvre ; elles filent aussi le coton. Il faut remarquer à ce sujet que dans les Indes, où l'on a porté au plus haut point de perfection la fabrication des mousselines, en un mot de toutes les étoffes de coton, les machines dont on fait usage n'approchent pas de ces ingénieuses mécaniques, que nous avons si heureusement imitées des Anglois. Le coton ne se file point avec des Mill-Jennys, c'est-à-dire, avec ces rouages compliqués à l'aide desquels un seul ouvrier fait mouvoir à la fois une soixantaine de bobines: tout se fait au rouet ou à la quenouille. Il en résulte à la vérité que le fil est beaucoup plus fin et plus égal. Nous n'employons en Europe les machines que pour diminuer les frais de main-d'œuvre. Dans les Indes et à la Chine où la population est si nombreuse, où les moyens de subsistance sont si faciles, où il n'en coûte presque rien pour nourrir un homme, on trouve à bon compte des ouvriers en tous genres. Supposez qu'un artisan coûte trois sous par jour à nourrir, on s'en procurera vingt pour trois francs, tandis que chez nous avec la la même somme on en trouveroit à peine un seul.

Les couturières chinoises ont un état moins brillant que certaines maîtresses couturières d'Europe ; mais leur sort est plus égal, et leur apprentissage plus facile.

Presque toutes sont réduites à courir les rues, portant dans un panier les ustensiles de leur profession ; elles se promènent ainsi jusqu'à ce qu'une personne qui a besoin d'elle, les fasse appeler.

Les modes ne changent point. Les dessins de costumes envoyés par les Missionnaires du temps de Louis XIV, s'appliquent parfaitement pour la couleur et la forme aux Chinois d'aujourd'hui. Quelle différence parmi nous où les costumes de cette année, ne sont pas ceux de l'année dernière, et diffèrent presque autant de ceux qui existoient il y a vingt ans, que ceux-ci différoient des habillemens du dix-septième siècle !

Chez nous, ce ne sont pas seulement les modes qui changent, mais les termes, ou, pour mieux dire, le jargon.

Les dénominations des modes qui étoient en grande vogue une année seulement avant la révolution ne sont plus intelligibles pour nous. Quiconque liroit dans un ouvrage ces termes : *perruque à la brigadière, chapeau à la Ragotzi*, robe à bottes avec ou sans *engageantes* ne les comprendroit pas plus que si c'étoit de l'Arabe ou du Chinois.

Planche XXXIII.

Changeur, coupant des lingots d'argent.

Il n'y a que deux métaux, l'argent et le cuivre, qui aient cours à la Chine, comme signes représentatifs des valeurs commerciales. L'or n'est regardé que comme une matière précieuse dont la valeur intrinsèque est susceptible des variations du commerce. Sa valeur relativement à l'argent est moindre qu'elle n'est en Europe. Aussi les négocians qui apportent à Canton des lingots d'argent pour les échanger contre des lingots d'or y font un gain considérable.

L'or seroit encore plus commun dans l'Empire chinois, si le gouvernement permettoit l'exploitation des mines qui s'y trouvent, et que l'on dit fort abondantes. Celui qu'on y voit répandu provient du commerce étranger, ou des paillettes d'or natif que l'on ramasse dans le sable des rivières.

L'argent n'est pas monnoyé. On le fond en pains ou lingots de différentes grandeurs que l'on coupe pour faire des paiemens. Les Chinois pèsent les lingots avec de petites balances portatives renfermées dans un étui vernissé. Cette petite balance est semblable à la balance romaine, elle est composée d'un plateau, d'un levier d'ivoire ou d'ébène et d'un poids courant. Le levier divisé en très-petites parties sur trois de ses faces, est suspendu par des fils de soie en trois différens points, afin de pouvoir peser toutes sortes de quantités. On dit ces balances sensibles à la millième partie d'un écu.

Le titre de l'argent devroit être uniformément d'un centième d'alliage, mais il y en a d'un plus bas alloi : quand on le découvre, on le refuse dans les paiemens. Les Chinois sont très-exercés à juger, à la seule inspection du titre, des lingots, et ne s'y trompent presque jamais.

L'habitude où ils sont de couper les lingots d'argent, pour faire les *appoints* avec plus de facilité, fait qu'ils coupent également les piastres d'Espagne, c'est-à-dire, la monnoie avec laquelle les Européens effectuent leurs paiemens à Canton. Ces piastres espagnoles sont marquées par les Chinois de certains caractères pour indiquer qu'elles sont bonnes. Ils y font aussi des trous afin de les enfiler. Les Chinois des provinces n'aiment pas les piastres marquées ou rognées, ils les échangent contre de neuves, en donnant de retour deux à quatre pour cent.

Cette méthode a l'inconvénient de faire perdre quelques parcelles de métal. Aussi voit-on les gens du menu peuple, occupés à recueillir et à laver les immondices qui se jettent des boutiques dans la rue, afin de chercher les ébarbures que le ciseau a fait tomber des lingots.

11*

Il n'existe donc, à proprement parler, que de la monnoie de cuivre, la seule dont la valeur soit fixée par son empreinte : elle est fondue, et non frappée. Cette méthode est dispendieuse, dit M. de Guignes ; mais le Gouvernement étant possesseur des mines de cuivre, il n'a pas besoin d'acheter le métal qui forme les deniers, et par conséquent s'indemnise aisément des frais de fabrication.

Les anciennes monnoies sont fort rares à la Chine : les prétendues collections que vendent les Chinois aux amateurs étrangers, sont souvent mêlées de pièces fausses, d'autant plus difficiles à reconnoître, que les vraies, comme les contrefaites, sont jetées au moule. Le discernement de nos Antiquaires, qui reconnoissent à un grain de sable, au plus léger indice, qu'une médaille n'a point été frappée, mais fondue, n'est donc d'aucune utilité pour faire cette distinction.

Tout ce qu'on sait de plus certain sur l'époque où les monnoies ont commencé à circuler à la Chine, c'est que Tching-Tang, fondateur de la seconde dynastie, fit exploiter, 17 ou 1800 ans avant Jésus-Christ, une mine de cuivre ; on en fabriqua des pièces de monnoie, afin de faciliter les échanges dans l'achat des vivres, dont le peuple, tourmenté depuis long-temps par la famine, avoit un extrême besoin.

Le métal des deniers de cuivre est

cassant ; il est composé de parties égales de toutenague (1) et de cuivre rouge ou blanc ; on compte par *léang*, *tsien* et *fen*, ou, pour nous servir des dénominations portugaises, par *taëls*, *mas* et *condorins*. Chaque *mas* contenant de quatre-vingts à cent deniers de cuivre, suivant le cours : il est lié par un brin de jonc qui passe à travers le trou de chaque denier, et s'arrête au - dessus. Les changeurs emploient, pour empiler plus promptement les deniers, des morceaux de bois creusé, où ils en arrangent le nombre nécessaire.

---

(1) Espèce de métal particulier à la Chine, ainsi que le cuivre blanc.

Tout faux monnoyeur est puni de mort, ce qui n'empêche pas que ce genre de délit ne soit très-commun. La fausse monnoie seroit encore plus abondante, si les pièces étoient d'argent; car la contrefaçon de la monnoie de cuivre ne présente pas un bien grand avantage. Il est vrai que la manière la plus ordinaire de frauder est de battre au marteau, et d'élargir de petites monnoies anciennes et décriées, pour leur donner la grandeur des deniers courans : ces pièces étant enfilées avec de bonnes, il est difficile de s'en apercevoir, à moins de défaire le rouleau et d'examiner les pièces une à une.

Il y a eu à la Chine des monnoies d'étain, de plomb, de fer, de terre cuite, de coquillages, et même de papier (1).

Après le règne de Han, un Prince eut, dit-on, la fantaisie de supprimer toute la monnoie de cuivre, et de la remplacer par des rondelles de terre sigillée (2). Il rassembla toute

---

(1) Voyez une observation que j'ai faite à ce sujet dans le tome Ier. sur le texte explicatif de la planche XI.

(2) Terre extrêmement fine à laquelle on suppose, dans l'Orient, des propriétés merveilleuses : on la nomme ainsi du mot latin *Sigillum*, cachet, attendu que les morceaux que l'on en débite dans le commerce sont marqués d'une empreinte. L'usage le plus avantageux de la terre sigillée, est d'en faire des espèces de cruches, dans lesquelles l'eau

la monnoie de cuivre qu'il put trouver, la fit enfouir en terre, et fit périr
les ouvriers qui avoient servi à cette
opération, afin d'en dérober la connoissance : précaution aussi exécrable
qu'inutile !

Les cauris, ou coquillages de l'Inde
qui y servent de monnoie, ont eu
cours autrefois à la Chine, où on les
nommoit *poei* ; il y a long-temps
qu'ils n'y sont plus en usage.

Les monnoies actuelles de la Chine
sont toutes rondes, percées d'un trou

---

se rafraîchit spontanément, parce que
cette terre étant fort poreuse, il se fait,
à travers, une évaporation sensible, et
par conséquent une diminution de cha-
leur.

carré, et enfilées, comme nous l'avons dit plus haut, par dixaines ou par centaines. Sous les premières dynasties, il y en a eu de formes très-bizarres ; on en a vu qui avoient la forme d'un coutelas, et que l'on nommoit, pour cette raison, *Tao*, c'est-à-dire, coutelas. D'autres ressembloient à une écaille de tortue; d'autres à une espèce de cloche. il y en avoit qu'on appeloit *yeux d'oie*, et qui étoient si minces, qu'elles surnageoient dans l'eau; il en falloit dix mille pour acheter une mesure de riz suffisante pour la nourriture d'un homme pendant dix jours.

Le peuple conserve avec soin quelques unes de ces anciennes monnoies, à cause des figures mystérieuses dont elles sont empreintes : tels sont le *Fong-Hoang* , (le Phénix chinois) et le *Kilin* , animaux fabuleux, dont ils racontent toutes sortes de merveilles. Le Kilin a la forme d'un bœuf et des écailles de poisson, il a une corne au milieu du front, et des moustaches de chaque côté de la gueule.

Le papier-monnoie qui a eu cours au commencement de la dynastie des King, consistoit en une feuille scellée du sceau impérial et de la valeur d'une once d'argent. Il y avoit en bas une inscription analogue à celle qu'on voyoit sur les assignats pendant la révolution françoise . *La loi punit de mort le contrefacteur. La nation récompense le dénonciateur.* Ainsi le faussaire écrivoit lui-même sa propre sentence, il frémissoit sans doute, mais il n'interrompoit point son horrible spéculation.

De même que les curieux s'amusent parmi nous, à garnir des cabinets avec des feuilles d'assignats qu'ils avoient amassées dans le temps de leur plus grande dépréciation, l'on voit les Chinois très-avides de conserver leur ancien papier monnoie. La différence est qu'ils ne recherchent point ces feuilles par curiosité, mais par superstition. Ceux qui bâtissent collent une de ces feuilles à la principale poutre de la maison, persuadés que cette espèce de Talisman préservera leur famille de toutes sortes de malheurs.

Les monnoies chinoises ne portent

jamais la face du prince, mais son nom et celui de sa dynastie, l'année de son règne, etc. Elles sont peu connues en Europe parce que leur exiguité, la grossièreté de leur forme et le peu de valeur du métal, ne feroient pas un grand ornement dans les cabinets des amateurs.

Un antiquaire, d'ailleurs fort habile, auteur de recherches estimées, sur les anciens monumens de l'Irlande (1), a commis une bévue très-risible au sujet d'un denier chinois qui n'étoit cependant pas fort ancien, puisqu'il datoit du règne de Kien-Long. Cette pièce apportée sans doute dans un ballot de marchandises en

____

(1) *Collectanea hybernica.*

Irlande, avoit servi de jouet à des enfans qui l'avoient jetée dans une fondrière où elle fut découverte. On s'empressa de l'apporter à notre savant antiquaire. La rouille et le vert-de-gris dont elle étoit rongée, lui firent juger d'abord qu'elle étoit fort ancienne. Il prit les quatre caractères chinois pour du syriaque, et l'inscription tartare – mantcheou du revers, pour de l'ancien phénicien. A force de recherches, il crut lire dans ces caractères à moitié effacés, le mot phénicien *pour*, sort ou destinée. D'après cela il n'hésita point à prononcer que cette monnoie avoit été apportée en Irlande par les Phéniciens ou fabriquée dans l'île. Il fit à ce sujet une longue dissertation *in-folio*,

qui se termine ainsi : « Que cette
» pièce soit venue des Phénicieus,
» ou qu'elle ait été frappée dans notre
» pays, elle prouve mieux elle seule
» l'authenticité de l'ancienne histoire
» d'Irlande , que tous les volumes
» qu'on a écrits sur cette matière ».

~~~~~~

Planche XXXIV.

Charrette de la campagne, contenant des marchandises.

QUOIQUE ce charriot soit destiné à transporter les denrées les plus communes, il ne diffère pas beaucoup pour la forme de ceux dans lesquels les Chinois les plus riches, l'Empereur lui-même parcourent les rues de la Capitale et font leurs voyages. On juge bien, d'après la forme incommode de ces voitures, que les palanquins ou litières sont infiniment préférables.

Les charrettes des paysans sont
~~~~~~

étroites, pesantes, supportées par des roues petites et sans rayons; ou du moins, quatre traverses grossières en tiennent lieu. Le poids est placé au-dessus des roues, et partie en dehors : de là résulte que le centre de gravité n'étant pas au milieu, le moindre choc peut faire verser l'attelage.

Dans quelques provinces, les villageois se servent de brouettes de bambou, très-difficiles à soutenir et à diriger. « Ayant rencontré, dit M. de
» Guignes, une brouette vide, nous
» essayâmes de la faire rouler ; mais
» ce ne fut qu'avec peine que nous
» réussîmes à la tenir en équilibre.
» On doit juger par là des efforts
» du conducteur pour faire aller cette
» machine lorsqu'elle est chargée, et

» qu'elle porte, de plus, une voile ».

Les anciens voyageurs ont tous parlé de ces chariots à voiles, plus communs chez les Chinois de ce temps-là que chez leurs descendans.

Ce sont de petites brouettes de bambou à une seule roue. Quand il n'y a point de vent pour faire aller la brouette, un homme s'y attèle, et la tire en avant, tandis qu'un autre la tient en équilibre, et la pousse par derrière. Lorsque le vent est favorable, on y adapte une voile de nattes, qui rend inutile le travail de l'homme qui est en avant. Je remarquerai qu'un pareil procédé est plus praticable dans certaines contrées de la Chine, qu'il ne le seroit en Europe. Dans ces régions, les moussons, ou vents de l'équinoxe, soufflent avec régularité et dans une direction cons-tante.

M. de Guignes critique les brouettes à voile de la Chine. « Tout cet écha-» faudage est, suivant lui, d'une » très-petite utilité, ou, pour mieux » dire, tout-à-fait inutile ». Cependant il ne tient qu'au paysan chinois de plier sa voile et de pousser sa brouette à la manière ordinaire : s'il agit autrement, c'est qu'il y trouve un avantage quelconque et évident. Ce n'est pas dans ces sortes de choses que les peuples obéissent aveuglément à l'empire de la routine ; ils conserveront à leurs chariots les formes grossières et vicieuses de ceux de leurs ancêtres, parce qu'ils ne trouveront pas de charrons qui en fabriquent sur un autre modèle, ou parce qu'ils ne voudront pas essayer ceux qu'on auroit construits autrement; mais quand il s'agit de juger si la brouette est plus facile à conduire avec ou sans voile, l'homme le plus entêté de ses préjugés ne pourra résister au témoignage manifeste de ses sens.

ent
'ils
on
ais
tte
ns
es
ir-

Planche XXXV.

Cordiers.

LES Cordiers chinois pourroient, comme ceux d'Europe, employer le chanvre aux ouvrages de leur état, puisque le chanvre est une des productions de leur territoire; mais ils préfèrent se servir de bambou, plante bien précieuse à la Chine, puisqu'on lui donne toutes sortes de destinations et de formes.

Dans cette figure, les Cordiers tressent leurs cordes horizontalement comme ceux d'Europe, mais il n'en est pas toujours ainsi. Lorsque la corde est d'un gros volume, si c'est, par exemple, un cable de navire, on la fabrique verticalement. Les ouvriers montent sur un échafaudage de douze ou quinze pieds de longueur, et tressent des filamens de bambou très-longs et très-fins. La corde descend, à mesure qu'elle est fabriquée, dans un trou rempli d'urine : cette liqueur âcre achève le *rouissage* du bambou, et donne à la corde à la fois plus de force et de souplesse.

Ainsi, chez ce peuple industrieux, les matières les plus sales, les plus dégoûtantes sont mises à profit pour l'utilité des Arts. La fiente des quadrupèdes, les déjections des hommes sont soigneusement recueillies dans des vases de terre par des enfans et des vieillards qui parcourent sans cesse les campagnes ; on se sert des mêmes objets pour donner à la terre un excellent. engrais. C'est des Chinois qu'est venue l'invention de cette *poudrette végétale*, *inodore*, que l'on fabrique à Montfaucon, près Paris.

Au sujet de l'engrais que les cultivateurs emploient par prédilection, nous voyons dans les relations de lord Macartney, que les fermiers chinois placent communément, auprès des chemins publics, de grands vases enterrés jusqu'aux bords, pour la commodité des passans qui auroient besoin de s'en servir.

» Enfin, ajoute-t-on, les Chinois
» mettent tant de prix au principal
» ingrédient qui forme leurs engrais,
» que le vieillard le plus débile, la

» plus impotent n'est jamais regardé
» comme absolument inutile à la fa-
» mille qui le nourrit ».

————

Planche XXXVI.

Arçonneur de coton.

LES provinces chaudes de la Chine sont très-favorables à la culture du coton, et particulièrement du coton herbacée. On sait que cette plante précieuse se distingue en deux principales espèces ; l'une qui vient sous la forme d'arbrisseau, et que l'on appelle cotonnier - arbre ; et l'autre sous la forme d'une herbe, que l'on nomme coton herbacée (1).

Cette dernière espèce croît dans le

____

(1) *Gossypium herbaceum.*

nord même de la Chine, et y fournit le plus beau coton. Le coton n'est point tiré, comme le fil de chanvre et de lin, de l'écorce même de la plante, mais d'un duvet soyeux qui enveloppe le fruit; la couleur propre du coton est la couleur blanche; mais dans la province de Kiang-Nan, dont Nankin est la capitale, il vient un superbe coton d'un jaune-rouge, qui conserve cette nuance lorsqu'il est filé et tissu. C'est avec ce coton que se fabriquent les étoffes de Nankin.

Le fruit du cotonnier se cueille à la main avec trois doigts seulement. On arrache le duvet, que l'on met sur une feuille de papier, et que l'on expose ensuite au soleil pendant trois jours : après quoi on l'épluche dans des moulins pour en séparer les graines. Cette opération ne suffisant point pour arracher les graines les plus tenaces et les matières hétérogènes, un homme fait sur le métier représenté dans cette figure, le reste de l'opération.

Les duvets de coton sont rassemblés sur une grande table : l'ouvrier attache à une de ses jambes une lame élastique de bambou, qui passe le long de son corps, et s'élève de deux pieds environ au-dessus de sa tête. Cette lame flexible est tendue par une corde de boyau, laquelle vient se joindre à un grand archet de bois : il frappe avec un petit maillet sur la corde de boyau. L'archet, mis en mouvement, parcourt toute la surface du coton, et en fait sortir les graines et toutes les saletés.

Le coton herbacée demande une bonne terre, un peu humide, bien labourée et bien fumée. Les mêmes plants peuvent durer trois années; on les arrache et on alterne la récolte en semant à la place de l'orge ou du millet.

Quoique leur sol soit dans le cas de recevoir des cotonniers en abondance, les Chinois préfèrent la culture du thé, qui est beaucoup plus productive. De là résulte qu'ils ont arraché leurs cotonniers dans beaucoup de provinces, et qu'ils achètent, des étrangers, à Canton, des cotons de Surate. Les Anglois leur en fournissent par année de 40,000 à 60,000 balles, c'est-à-dire, plusieurs millions pesant.

Cette consommation prodigieuse n'a rien d'étonnant, si on réfléchit que presque tous les habitans de la Chine sont vêtus d'étoffes de coton. Le peuple teint ses vêtemens en bleu, parce que l'indigo est très-abondant à la Chine. La plupart des paysans cultivent auprès de leur chaumière un petit champ d'indigo; ils en tirent la matière colorante nécessaire pour teindre les étoffes à l'usage de la famille.

On sait que l'indigo est une fécule ou farine bleue tirée d'une plante appelée *indigotier*.

EXPLICATION

DU FRONTISPICE

DU TOME SECOND.

———

Le fils aîné de l'Empereur avec sa femme, leur enfant et une suivante, dans les jardins de Yuen-Ming-Yuen.

LE fils aîné de l'Empereur de la Chine n'a rien qui le distingue de ses frères, à moins (ce qui est fort rare) que son père ne l'ait de son vivant désigné comme héritier.

Les Chinois ne trouvent pas dans la promenade le même genre de plaisir que les Européens. Ils ne vont point dans leurs jardins pour prendre un exercice salutaire ; mais ils choisissent quelque site pittoresque où ils s'asseyent pour respirer la fraîcheur de l'air, et jouir du parfum des fleurs.

On ne voit point dans leurs jardins comme dans les nôtres, se rassembler une société choisie ; on n'y voit point des personnes de différens sexes se diviser en plusieurs groupes et former plusieurs conversations particulières.

Il n'est guères qu'une seule occasion où une société entière (toujours composée d'hommes) se réunit dans

un jardin, c'est lors des grands fes-
tins, dans l'intervalle du repas au des-
sert. Tous les convives sortent ensemble de la salle du banquet, et se
rendent dans le jardin sous une ga-
lerie éclairée d'une multitude de lan-
ternes. Des domestiques apportent de
l'eau dans des jattes d'argent ; les
convives se lavent le visage et les
mains, et l'on entre ensuite dans la
salle pour prendre part au festin.

Dans les autres occasions, le mari
passe avec sa famille dans le jardin
quelques momens agréables ; la femme
fait de la musique ; les enfans se livrent à des amusemens de leur âge.

Les membres de la famille Impériale n'ont pas à cet égard d'autre
règle de conduite que les autres.

Nous avons dit plus haut qu'à Yuen-Ming-Yuen, le parc est divisé en plusieurs palais avec les jardins qui en dépendent. Les fils de l'Empereur logent dans le lieu qui leur est affecté; ils y vivent en famille, sans ambition, sans intrigue, par ce qu'ils ne jouissent d'aucun crédit, et sont presque dépourvus de toutes relations avec les ministres et autres membres du Gouvernement.

Pendant les obsèques du dernier Empereur, un des Princes du sang ayant appelé un Ko-Lao, ou ministre, qu'il vouloit interroger sur une affaire, le Ko-Lao s'approcha, et se mit à genoux, contre l'usage, pour faire sa réponse. Le lendemain le Prince et les Ko-Laos furent dénoncés

devant l'Empereur, et réprimandés :
le Prince pour avoir souffert qu'un
magistrat de ce rang se mît devant
lui dans une posture si humble, et
les Ko-Laos, pour avoir permis qu'un
d'entre eux déshonorât la première
charge de l'Empire.

Autrefois, dit Duhalde, lorsque
les Princes du sang étoient dispersés
dans les Provinces, les Officiers de la
Couronne leur envoyoient leur revenu
tous les trois mois, afin que le dé-
pensant à mesure qu'ils le recevoient,
ils ne songeassent point à amasser,
ni à faire des épargnes dont ils auroient pu se servir pour semer la
division : il leur étoit même défendu,
sous peine de la vie, de sortir du
lieu qu'on avoit fixé pour leur sé-

jour. Mais depuis que les Tartares sont maîtres de la Chine, les choses ont changé : l'Empereur a cru qu'il étoit plus à propos que tous les Princes demeurassent à la Cour et sous ses yeux. Outre les dépenses de leur maison que le trésor impérial leur fournit, ils ont des terres, des maisons, des revenus ; ils font valoir leur argent par leurs domestiques, et il y en a qui sont extrêmement riches.

Les Princes du sang, autres que les fils de l'Empereur, se divisent en cinq ordres ; leur fonction ordinaire est d'assister aux cérémonies publiques, et de se montrer tous les matins au palais de l'Empereur, puis ils se retirent dans leur maison. Il ne leur

est pas permis de se visiter les uns
les autres, ni de coucher hors de la
ville, sans une permission expresse.

NOTICE

Sur les Tombeaux chinois, et notamment sur ceux des Empereurs et des Princes du Sang.

Nous avons parlé plus haut du respect des Chinois pour leurs ancêtres, du soin avec lequel ils entretiennent leurs tombeaux ; mais ces monumens, dernier refuge de l'orgueil et des foiblesses humaines, périssent comme les autres. L'extinction ou la dispersion d'une famille devient l'époque de la destruction des tombeaux élevés à grands frais : cela ne peut être autrement.

Où en seroit la Chine, dit fort sagement un Missionnaire, s'il lui avoit fallu conserver toutes les pierres qu'on a élevées sur des pierres, toutes les briques qu'on a mises sur des briques, tous les bois qu'on a dressés sur des bois, en palais, en tours, en arcs de triomphe, en pyramides, en mausolées, en tombeaux, et en tant d'autres édifices, ou superbes ou mesquins ?

Les tombeaux des Empereurs n'ont pas été plus respectés que les autres; les Souverains d'une dynastie ne se sont guère occupés de conserver ni de réparer les monumens des dynasties précédentes; quelquefois même ils les ont détruits, par jalousie ou par inimitié.

Le fondateur de la dynastie des Yuen ordonna, disent les annales de la Chine sous l'année 1295, de renverser les tombeaux et de détruire les sépultures des Princes de la race précédente. Celui qui fut chargé d'y présider ne se contenta pas de faire tout dégrader, renverser et détruire de fond en comble : après avoir fait exhumer les cadavres et ouvrir leurs cercueils, il les dépouilla de tout ce qui restoit des marques de leur ancienne grandeur, enleva l'or, les pierreries et les ornemens, profana les ossemens, et poussa la barbarie jusqu'à employer les crânes pour faire des ustensiles, des coupes à boire, etc.

L'Empereur le fit mettre en prison; mais comme le profanateur de l'asile

14*

des morts sortit quelques jours après
sans qu'on lui infligeât aucun châ-
timent, il a été permis de croire
qu'il avoit agi d'après des instruc-
tions secrètes, et qu'on ne l'avoit fait
momentanément arrêter que pour ne
point heurter trop violemment l'opinion des peuples.

Ces monumens, à la vérité, de-
voient être d'une simplicité grossière.
Du temps de Confucius, on commen-
çoit seulement à élever sur la fosse
un monticule de terre. Confucius fit
à ses disciples cette remarque sur le
tombeau où il avoit réuni les dé-
pouilles mortelles des auteurs de ses
jours :

« On n'élevoit point de monceaux
» de terre autrefois sur les tombeaux

» comme aujourd'hui : pour moi,
» qui n'ai point de demeure fixe, j'ai
» élevé une butte de quatre pieds de
» hauteur, pour reconnoître sûre-
» ment où mon père et ma mère sont
» enterrés ».

Du temps des Chun, toute la sé-
pulture consistoit en un simple tombeau de briques; sous la dynastie
des Hia, on ajouta une seconde enceinte de maçonnerie; sous celle des
Chang, on mit le cadavre dans un
double cercueil, avant de l'enterrer
dans la double enceinte; sous celle des
Tcheou, l'on ajouta divers ornemens
sur les tombeaux.

Aujourd'hui les tombeaux des
Mandarins et autres personnages con-
sidérables sont d'une magnificence

qui égale, si elle ne surpasse, celle des habitations des vivans.

On voit sur le penchant boisé des montagnes, des milliers de tombeaux, bâtis comme des maisons, mais d'après un plus petit modèle.

La plupart sont peints en bleu, et ornés de colonnes blanches sur la façade. Ils ont de six à huit pieds de hauteur, et forment de petites rues.

Les tombeaux des gens de distinction sont élevés sur des terrasses construites en demi-lunes. Les murailles sont de pierre, et les portes de marbre blanc; on y lit les noms, les qualités, les vertus du défunt. Les terrasses sont quelquefois accompagnées d'obélisques, et plantées de lugubres cyprès; une espèce de Thuya pleureur, et un autre arbre à branches longues et pendantes, ajoutent à la sombre mélancolie du lieu (1).

Le tombeau de la famille régnante à la Chine est de forme circulaire, surmonté d'un dôme hémisphérique; l'extérieur en est assez simple, mais l'intérieur est d'une grande richesse.

Les monumens des Princes Chinois sont d'une forme peu différente de celle des Kiosks de nos jardins an-

____

(1) M. Staunton dit que cet arbre à branches pendantes est d'une espèce inconnue en Europe. Ainsi ce n'est pas le saule pleureur, qui vient cependant d'Orient, et nous a été apporté par Tournefort.

glois ; ils n'ont que deux toits ; le plus haut est violet, et le plus bas est vert. Le monument est surmonté d'un globe de couleur verte.

J'observerai à cet égard que les autres monumens chinois ont leurs toits en nombre impair. Les Ta ou Pagodes qui s'élèvent à cent vingt ou cent quatre-vingt pieds de hauteur sur une base quatre ou cinq fois moindre, sont toujours divisés en cinq, sept ou neuf étages.

Pour élever ces monumens, les Chinois n'emploient pas tout à fait les mêmes procédés que nos archi-tectes. Les grues, les treuils à leviers ou à roues, ces machines ingénieuses à l'aide desquelles trois ou quatre ouvriers soulèvent un fardeau énorme, leur sont à peu près inconnus. Il est vrai, qu'usant de matériaux moins volumineux, ils n'ont pas besoin de méthodes aussi compliquées. Les chefs-d'œuvre de la mécanique n'a-joutent pas aux forces humaines. Si un homme élève avec une machine un fardeau mille fois plus pesant que celui qu'il pourroit transporter à l'aide de ses seuls bras, c'est qu'il y met mille fois plus de temps.

En Chine, on trouve des ouvriers autant qu'on veut, on n'a pas les mêmes raisons que chez nous pour économiser sur le nombre des bras. Ainsi, au lieu d'entourer l'édifice d'une charpente qui s'élève en même temps que lui, on construit un échauf-faudage en plan incliné, que l'on est obligé de démolir et de refaire à chaque étage.

Ce plan incliné consiste en forts bambous assujétis par des cordes.

S'agit-il de construire une voûte ? au lieu d'établir de faux cintres en charpente, comme le pratiquent nos architectes, les ouvriers chinois empilent des morceaux de bois les uns sur les autres, comme s'ils vouloient dresser un bûcher.

J'ajouterai que les voûtes chinoises n'ont pas de *clefs*; elles consistent en pierres taillées en forme de coin, qui toutes se dirigent perpendiculairement vers le centre, et se soutiennent mutuellement.

On a comparé très-philosophiquement les pierres d'une voûte à des

rivaux qui veulent tous parvenir au
même but, et se nuisent les uns aux
autres.

FIN DU TOME SECOND.

TABLE
DES MATIÈRES
CONTENUES
DANS LE TOME SECOND.

———

FIN DE LA TABLE.